«Ma peur d'oublier est plus forte que ma peur
d'avoir à me souvenir de trop de choses.»

YOSEF H. YERUSHALMI, SURVIVANT DE LA SHOAH

«Si vous cherchez à vous venger,
creusez deux tombes.»

PROVERBE CHINOIS

Note de l'éditeur:
Ce livre est basé sur des recherches menées en
Bosnie et en Croatie entre 1992 et 1997. Le nom de
certaines des personnes citées a été modifié afin de
les protéger d'éventuelles représailles et d'épreuves
supplémentaires.

Gilles Peress / Eric Stover – Les Tombes
Conception graphique: Gilles Peress
Coordination du projet: Lisa Usdan
Tirages argentiques: Jeff Ladd
Préparation numérique: Cate Fallon
Traduction: Anne Levine
Photogravure: Gert Schwab / Steidl, Schwab Scantechnik, Göttingen
Impression: Steidl, Göttingen

Première édition, 1998
ISBN 3-931141-86-1

Les Tombes

Srebrenica et Vukovar

Texte d'Eric Stover

Photographies
de Gilles Peress

Préface du juge
Richard Goldstone

Scalo Zurich – Berlin – New York

Préface
du juge Richard Goldstone

A chaque fois qu'on m'a demandé comment j'avais fait pour ne pas devenir fou lorsque j'enquêtais sur des tragédies humaines sans nom en tant que procureur général des tribunaux des Nations unies sur les crimes de guerre au Rwanda et en ex-Yougoslavie, j'ai toujours répondu que c'était aux enquêteurs eux-mêmes qu'il fallait poser cette question : eux seuls étaient amenés à recueillir directement les témoignages des survivants. En ce qui me concernait, je ne faisais que lire ces histoires enregistrées par les enquêteurs, ce qui était déjà assez éprouvant et suffisait à remplir mes nuits de cauchemars et d'insomnies. J'ose à peine imaginer l'effet que cela a dû avoir sur ceux qui entendaient cela de vive voix et qui étaient confrontés au chagrin, à l'immense détresse et aux larmes des survivants.

Et que dire des experts légistes qui, pendant des semaines – qu'il fasse beau ou mauvais, que la terre soit transformée en boue ou dure comme du béton –, exhumaient les fosses d'ex-Yougoslavie ou du Rwanda où étaient enterrées les preuves mêmes des tueries collectives ?

Dans ce livre, le texte d'Eric Stover et les photographies de Gilles Peress racontent l'histoire de ces hommes et de ces femmes pleins d'humanité et les difficultés extrêmes qu'ils rencontrèrent pendant leur sinistre besogne à Srebrenica et à Vukovar. Il permet également de comprendre pourquoi j'admire autant les « Physicians for Human Rights » et les équipes de spécialistes de médecine légale d'Argentine et du Guatemala. Sans leur dévouement, les charniers de l'ex-Yougoslavie et du Rwanda n'auraient jamais été exhumés. Sans leur travail, dans des contextes très difficiles et dangereux, les victimes auraient été privées de la vérité à laquelle elles avaient droit et ceux qui cherchaient à rendre la justice auraient été privés de preuves importantes.

Ceux qui liront le texte de Stover et méditeront sur les images de Peress pourront commencer à réaliser l'ampleur des tragédies que des gens en ex-Yougoslavie ont endurées à cause de stratégies politiques qui niaient jusqu'à leur existence en tant qu'êtres humains. Mais il est également important de prendre conscience que le génocide et les crimes contre l'humanité peuvent potentiellement être perpétrés par n'importe quelle nation. Tout le monde, quel que soit l'endroit où il se trouve, devrait être conscient du mal que tout un chacun est capable de faire et être prêt à prendre position – quels que soient le lieu ou l'époque. Le silence équivaut au pardon: s'il y a prise de conscience, on ne peut en aucun cas se taire.

Ce livre devrait également aider à ne jamais oublier que les familles des victimes de graves violations des droits de l'homme – qu'elles vivent sur le continent européen, africain, asiatique ou américain – éprouvent les mêmes angoisses, versent les mêmes larmes et luttent infatigablement pour le même but: la vérité et la justice. Je ne peux pas exprimer cela de façon plus poignante que cette psychiatre de Tuzla quand elle a dit à Eric Stover:

« La vérité. [Les membres des familles] veulent savoir exactement ce qui est arrivé à leurs maris, à leurs pères et à leurs fils. Cela les obsède jour et nuit. Ils ne pourront pas faire leur travail de deuil tant qu'ils ne sauront pas la vérité. »

La plupart – si ce n'est la totalité – des parents des « disparus » éprouvent des difficultés à engager le processus de guérison s'ils ne savent pas où se trouvent leurs êtres chers. Sans cette information, subsiste l'espoir, et peu importe qu'il ne tienne qu'à un fil ou qu'il soit irrationnel, qu'un jour ou l'autre, un mari, une fille, un fils, un père ou une mère vont refaire leur apparition. Grâce aux efforts des experts légistes, on peut aider les familles à comprendre petit à petit pour finalement accepter la réalité.

Le travail des scientifiques fait d'eux des historiens. Grâce à ces hommes, la négation des crimes de guerre devient difficile, si ce n'est impossible. Quand on annonça l'exhumation imminente d'un des charniers près de Srebrenica, l'armée bosno-serbe produisit un communiqué selon lequel les fosses en question renfermaient les corps d'hommes qui avaient été tués au combat. Bien sûr, il s'est trouvé des gens en ex-Yougoslavie et ailleurs pour croire cette affirmation. Le fait est que les corps que les experts exhumèrent des fosses avaient tous les mains attachées derrière le dos et des blessures consécutives à des exécutions collectives. On put de manière concluante démasquer ce qui se cachait derrière ces dénégations : une propagande malhonnête.

Ce livre prouve l'importance suprême de la justice. Il aide à mesurer ce que peuvent ressentir les parents des « disparus » de Bosnie quand on leur explique que les armées les mieux armées du monde courraient un trop grand danger en arrêtant les personnes accusées d'avoir causé leur détresse et de les avoir

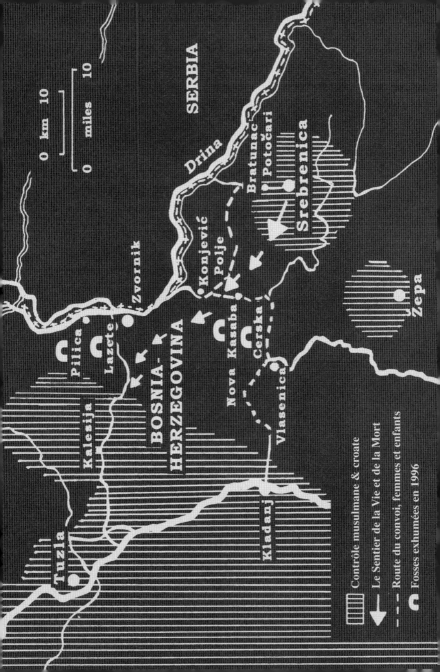

«nettoyées» de leurs terres. On commence alors à comprendre pourquoi certains en sont arrivés à des conclusions telles que celle exprimée par une des survivantes:

« Srebrenica nous a appris que nos vies avaient moins de valeur que celles des soldats de l'ONU. C'est çà, pour nous, la leçon à en tirer.»

Enfin, ce livre montre que la justice est également un moyen de prévention contre de futurs génocides ou crimes contre l'humanité. Si ceux qui projettent de «nettoyer ethniquement» ou de perpétrer d'autres crimes de guerre savent qu'ils peuvent s'attendre à ce qu'un tribunal international enquête sur leurs agissements, à ce que des enquêteurs découvrent les preuves de leurs crimes, alors, peut-être cela les dissuadera-t-il de mettre leurs plans à exécution.

Je désire ardemment que ce livre puisse servir à plaider la cause d'une cour criminelle internationale permanente. Sans cette instance, il n'y a aucune chance que le XXIᵉ siècle soit moins sanglant que celui qui est en train de s'achever.

Printemps 1996
Srebrenica

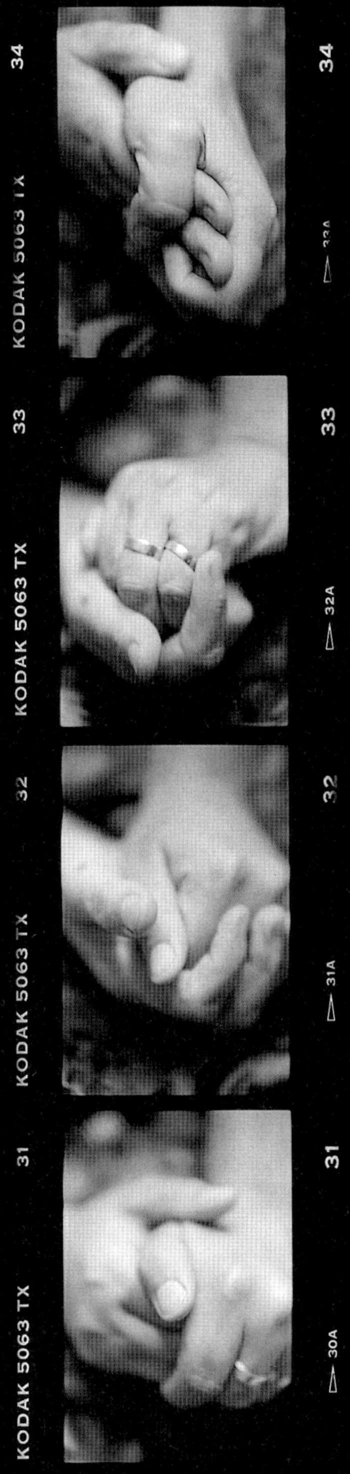
KODAK 5063 TX
34
33
32
31
32A
31A
30A

En juillet 1995, des milliers de Musulmans – des hommes et des garçons – furent tués sur le «Sentier de la Vie et de la Mort» qui relie Srebrenica à Tuzla.

«Combien de temps pensez-vous que l'on mettra à récupérer tous les restes sur le sentier?» demandai-je à Masovic. Il réfléchit quelques instants: «Il se pourrait que mes petits-enfants soient toujours en train de le faire dans plusieurs dizaines d'années.»

«Il était à peu près midi et quelques hommes dormaient. Soudain,
la forêt s'est illuminée car des obus de mortier pleuvaient sur nous.
Les hommes ont commencé à crier et à se bousculer pour se cacher.
J'ai senti un éclair de chaleur passer devant mon visage puis du sang
dégouliner dans ma bouche. Je me suis mis à courir.
Je devais sauter par-dessus les morts pour ne pas marcher sur eux.»

IBRAHIM, RÉFUGIÉ DE SREBRENICA

Profond de six mètres et long de plus de trente, le charnier de la ferme de Pilica fut le plus difficile à excaver.

« Voir en permanence leur visage, leurs bras et leurs jambes tordus et enroulés l'un dans l'autre, c'est ça qui me rend nerveux. La nuit quand je ferme les yeux, je continue à les voir. »

FERNANDO MOSCOSO, ARCHÉOLOGUE

«Ce qui me pose problème, c'est que ces gens sont peut-être morts pour rien. Si la justice n'est pas faite, cela sera comme si on s'était moqué de ces morts et de tout ce que nous avons tenté d'accomplir.»

WILLIAM HAGLUND

«Je sais maintenant comment on doit ouvrir ces fosses. Je vois très bien comment les corps doivent être sortis. Je vois très bien comment cela doit être fait. Et c'est moi qui dois aller témoigner devant la Cour. C'est moi qui dois sortir les corps et les voir quand ils sont tous là, de façon à comprendre le mieux possible car je devrai l'expliquer. Donc, quand je ne suis pas là, je veux que [les archéologues] numérotent les corps et qu'ils les photographient. Je veux qu'ils nettoient les corps jusqu'à mon retour, puis nous les sortirons ensemble car je ne veux pas qu'ils les sortent quand je ne suis pas là.»

WILLIAM HAGLUND

«Nous sommes comme des tentacules
vivantes qui soulèvent, manipulent toute cette
mort, essayant de l'extraire.»

WILLIAM HAGLUND

Le 16 juillet 1995 au matin, cinq jours après
la chute de Srebrenica, des soldats serbes tuèrent
des centaines d'hommes musulmans sur un champ
de la ferme de Pilica. A la fin de la journée,
des piles de corps étaient éparpillées sur le champ.
Un bulldozer ramassait lentement les cadavres
et les jetait dans le trou.

«Je veux juste apporter une petite amélioration dans ce vaste monde imparfait», déclara plus tard Haglund à propos de sa mission auprès du tribunal international. «Je veux faire quelque chose d'important, qui ait une portée significative, avant de mourir.»

Automne 1996
Kalesija
Morgue improvisée

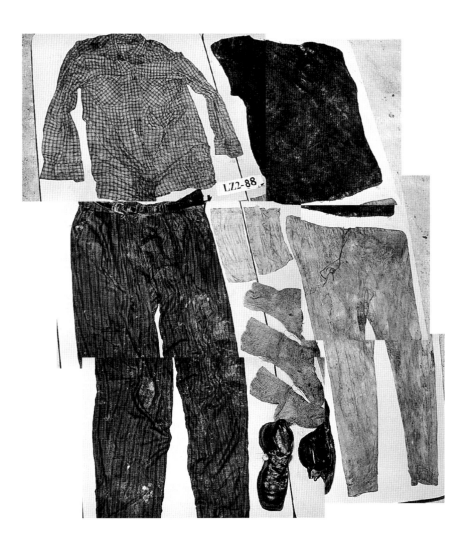

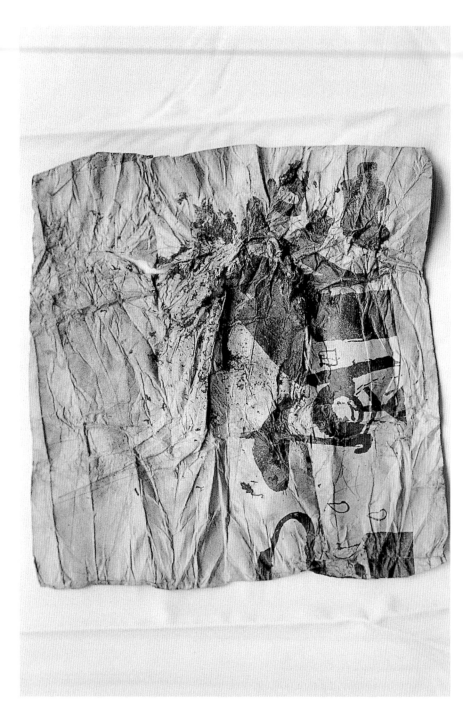

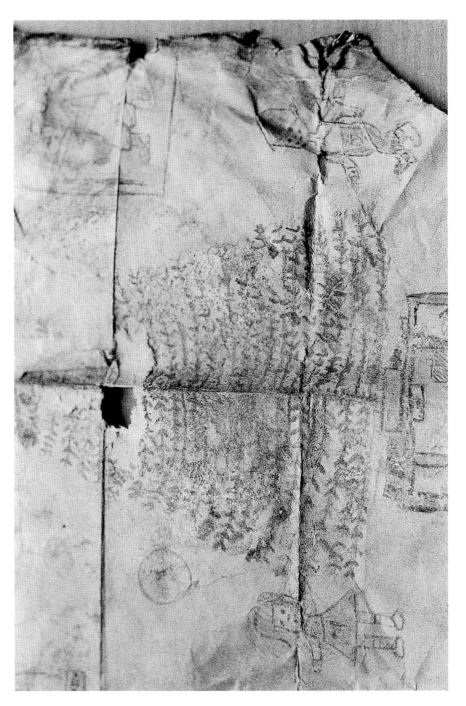

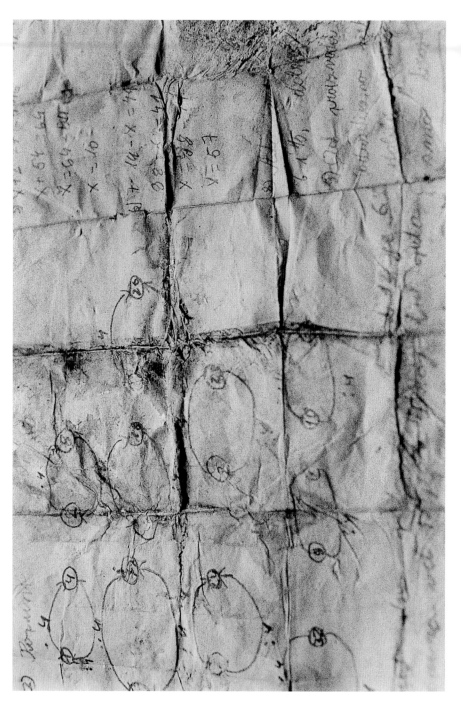

EVIDENCE 1764

building

R. BALL Power
TROUSERS

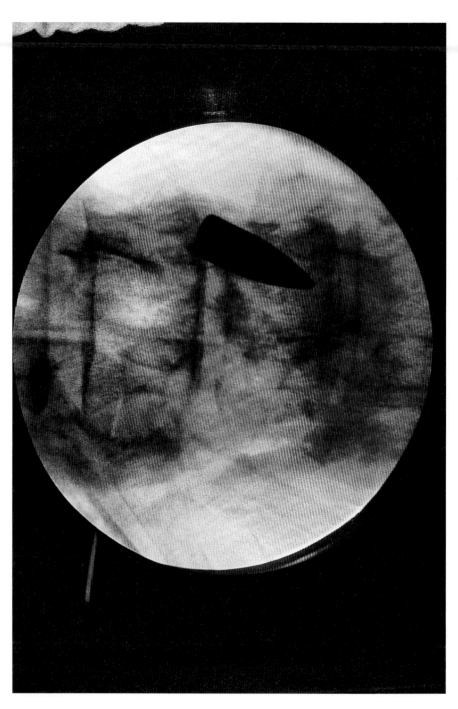

70

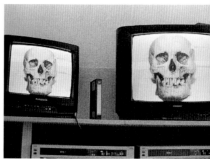

Une fois passés au rayon X, les corps étaient transportés
sur l'une des quatre tables d'autopsie dans une pièce
adjacente. C'était le centre névralgique de l'opération.
Pendant que les anatomo-pathologistes et leurs assistants
autopsiaient les corps, les anthropologues rodaient
à côté, attendant avec des scies à métaux de récupérer

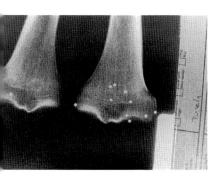

les os longs et les symphis pubiennes pour calculer
l'âge et la taille. Puis, les anatomo-pathologistes devaient
enlever les vêtements, ainsi que des éventuels bandeaux
qui cachaient les yeux et des ligatures et fouiller
consciencieusement les poches à la recherche d'affaires
personnelles.

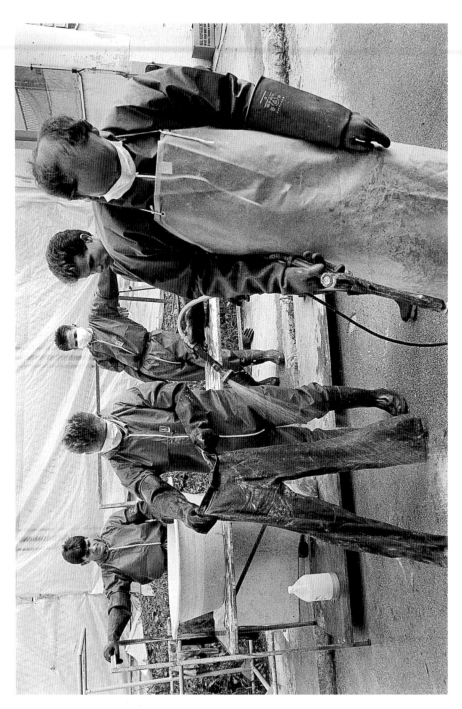

75

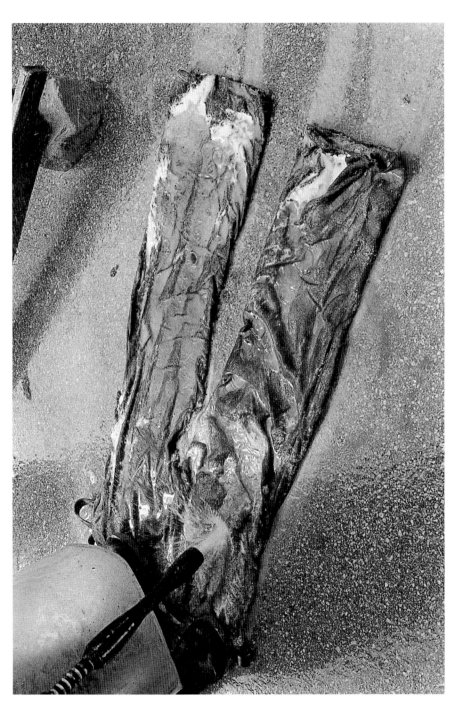

77

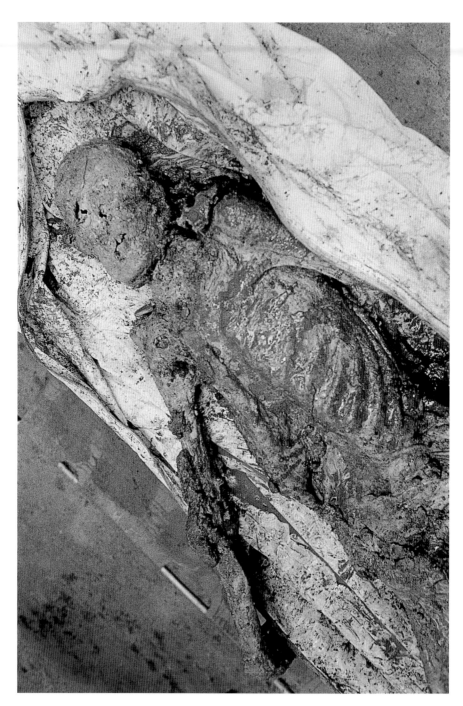

Le général Ratko Mladic, ses yeux bleu clair étincelant et ses cheve
enjambées et l'air triomphal dans les rues de la ville. C'était à n'en p

entés chatoyant dans la lumière incandescente, marchait à grandes
ter le plus beau jour de sa vie. Avec son treillis fraîchement lavé et

repassé, sa paire de lourdes jumelles se balançant sur son large torse

e mitraillette 9 mm Heckler à la main, son allure était en tous points

celle d'un chef victorieux. Pendant qu'un journaliste de la télévision

le général de cinquante-deux ans s'approcha d'un groupe de solda

bras et embrassa chacun d'entre eux – d'abord sur la joue droite, pu

e, la capitale bosno-serbe, enregistrait le moindre de ses mouvements,

bes qui portaient des fusils d'assaut Kalashnikov. Il les prit dans ses

celle de gauche, puis à nouveau sur celle de droite. Son exubérance

semblait frénétique comme si l'odeur âcre de la poudre et le parfum s:

stimulant. Mladic quitta ses hommes et continua à marcher dans la r

ses combattants victorieux avaient agi sur lui comme un puissant

passant devant des immeubles aux appartements pillés. Puis il s'arrêta

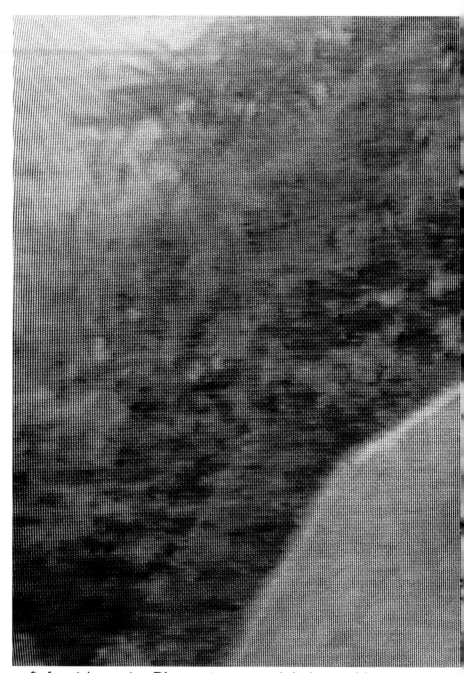

et fit face à la caméra. D'une voix rauque, il déclara : « Nous sommes ic
fête serbe. Nous offrons cette ville à la population serb

brenica le 11 juillet 1995. La veille d'un des grands jours de temps est enfin venu de se venger des Turcs. »

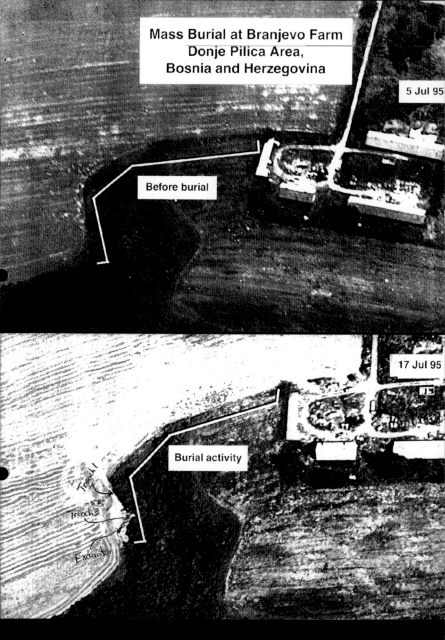

Mass Burial at Branjevo Farm
Donje Pilica Area,
Bosnia and Herzegovina

5 Jul 95

Before burial

17 Jul 95

Burial activity

Trench 1

Trench 3

Excavator

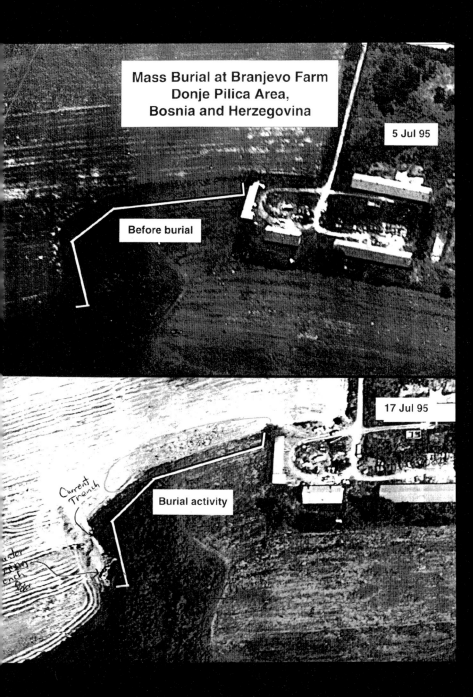

Mass Burial at Branjevo Farm
Donje Pilica Area,
Bosnia and Herzegovina

5 Jul 95

Before burial

17 Jul 95

Current Trench

Burial activity

91

I

Par un petit matin de septembre 1996, William Haglund quitta dans sa Land Rover blanche la ville de Kalesija, située à l'ouest de la Bosnie, et se dirigea vers les terres cultivées des berges de la Drina. Sa barbe grisonnante scintillait dans la lueur rosée de l'habitacle et les souvenirs d'une nuit passée à boire du whisky et à faire de mauvais rêves s'attardaient sur le hâle de sa peau ridée sous ses yeux bleu pâle. Tout en accélérant dans les rues désertes, il fouilla dans la boite à gants et en extirpa son premier cigare de la journée.

Haglund était un petit homme aux lunettes à monture d'acier qui avait le parler et le rire faciles. A 54 ans, ses sourcils épais et gris, arqués et bouclés à leur centre comme ceux d'un satyre, et sa petite bouche lui donnaient un air étrange de jeune-vieux, de gamin qui aurait beaucoup d'expérience. Il avait une démarche nerveuse et rapide. Il pouvait être prudent et attentionné mais parfois son côté impulsif ressortait.

1996 allait être l'année la plus stimulante et la plus déchirante de sa vie. Trois ans plus tôt, le Conseil de Sécurité des Nations unies avait mis en place le tribunal de la Haye, chargé d'enquêter sur les crimes de guerre en ex-Yougoslavie, le premier de la sorte depuis les procès de Nuremberg et Tokyo après la Seconde guerre mondiale. Après qu'un massacre perpétré par les Hutus eut fait des centaines de milliers de victimes au Rwanda en 1994, le Conseil de Sécurité avait créé un second tribunal pour juger les actes de génocide dans ce pays. Andrew Thomson, un professeur de médecine néo-zélandais, fut nommé à la tête des exhumations de charniers au Rwanda. Haglund, anthropolologue spécialisé en médecine légale, avait reçu le titre d'expert scientifique en chef auprès du tribunal.

«Je veux juste apporter une petite amélioration dans ce vaste monde imparfait», déclara plus tard Haglund à propos de sa mission auprès du tribunal international. «Je veux faire quelque chose d'important, qui ait une portée significative, avant de mourir.»

En mai 1996, le tribunal envoya les deux hommes surveiller l'excavation d'un charnier près de Vukovar, à l'est de la Croatie, ainsi que de quatre autres qui avaient été découverts sur les collines entourant la ville de Srebrenica en Bosnie. Pendant les six mois qui suivirent, Haglund et Thomson, avec l'aide des « Physicians for Human Rights », basés à Boston, firent aller et venir plus de 90 scientifiques de 19 pays, pour ce qui allait s'avérer très vite être la plus grande enquête internationale médico-légale sur les crimes de guerre – ou sur tout autre crime – de l'histoire.

Le monde de la mort n'était pas étranger à Bill Haglund. Il était né pendant la Seconde guerre mondiale. Sa mère, une beauté aux cheveux auburn, répondait au nom de Gertie et gagnait sa vie dans les hôtels borgnes et les bars à whisky qui dépérissaient dans les noires pinèdes de l'est du Minnesota. Un jour, le père de Billy sortit acheter des cigarettes pour ne jamais revenir. Gertie se remit très vite en ménage avec un mécano surnommé « Red ». Allant de ville en ville, Gertie et « Red » faisaient la tournée des bars pendant que Billy dormait sous une pile de couvertures à l'arrière de leur Bel Air toute déglinguée. A 11 ans, Billy fut expédié chez ses grands-parents dans l'Oregon. Six ans plus tard, peu de temps après que le jeune Haglund eut commencé à travailler dans un funérarium, on retrouva Gertie poignardée par un amant éconduit. Haglund avait le métier dans la peau et obtint au milieu des années soixante une licence en médecine légale puis un poste d'embaumeur à Whittier, en Californie. En 1967, il s'installa à Long Beach où il fut l'assistant d'un anatomo-pathologiste et donna des cours à la California State University sur les mythes de la mort et de l'agonie.

Haglund vint ensuite vivre à Seattle et enquêta pendant les années quatre-vingt sur les morts pour le compte du bureau de l'examinateur médical du comté. Il passait ses journées, et souvent ses nuits, dans les ruelles sombres et les asiles de nuit, à récupérer des «paquets», le terme euphémique utilisé dans la profession pour parler des corps des victimes de meurtres ou de suicides, et à les apporter à la morgue. Au milieu des années quatre-vingt, Haglund était également inscrit en troisième cycle d'anthropologie physique à la Washington University. Il s'était spécialisé en «taphonomie», une discipline assez ésotérique qui étudiait l'influence des éléments naturels (la terre, l'eau, le vent et le feu, pour n'en citer que quelques-uns) sur les restes humains, après la mort. En 1990, l'année de sa thèse, il avait déjà attiré l'attention de l'un des grands praticiens du métier, Clyde Snow. De seize ans son aîné, ce Texan au parler lent et à l'esprit vif, était déjà une légende dans le monde de la recherche en médecine légale. «Les os, dit-il un jour, sont souvent nos derniers et nos meilleurs témoins. Ils ne mentent jamais et n'oublient jamais.» Parmi ses interventions les plus marquantes, on pourrait citer l'identification de certaines des victimes du tueur en série de l'Illinois, John Wayne Gacey, et l'examen au Brésil des restes du squelette de l'infâme médecin nazi, Josef Mengele.

Snow était un scientifique hors pair, dur à la tâche, sceptique et méticuleux. Par-dessus tout, il était férocement indépendant. Mais il avait également une face cachée, surtout quand il avait fait un sort à une bouteille de bourbon. Il n'aimait pas les critiques et avait tendance à claquer la porte des réunions quand il n'était pas arrivé à imposer son point de vue. Comme il le disait parfois de lui-même: «Je reste loyal jusqu'à la fin mais je me réserve le droit de changer d'avis à la dernière minute.»

Au milieu des années quatre-vingt, Haglund avait fait appel à Snow pour l'aider lors de l'enquête sur la tuerie de Green River, une série de 50 meurtres, principalement de prostituées, qui faisait les gros titres des journaux dans tout l'ouest de l'Etat de Washington. Snow fut impressionné par l'habileté et le dévouement de Haglund, qui commença à cette époque à porter le signe distinctif de Snow – un chapeau à la Indiana Jones.

Dès le milieu des années quatre-vingt, Snow lui-même avait commencé à partager son temps entre sa maison dans l'Oklahoma et des petits voyages, comme celui qu'il fit pour aider Haglund et d'autres en Amérique du Sud. En Argentine, il forma des étudiants en médecine et en archéologie à l'exhumation et à l'identification des corps de dissidents politiques qui avaient été exécutés et enterrés dans des fosses banalisées sous la junte militaire dans les années soixante-dix. Il fit plus tard de même, avec des équipes similaires, au Chili et au Guatemala. Au début des années quatre-vingt-dix, Snow faisait des séjours en ex-Yougoslavie pour enquêter sur les crimes de guerre pour le compte des Nations unies. Plus tard, quand les tribunaux de l'ONU cherchèrent quelqu'un pour superviser les enquêtes médico-légales, Snow recommanda son collègue de Seattle.

A un barrage de l'OTAN, à environ trois kilomètres de Kalesija, Haglund s'arrêta et présenta rapidement son laissez-passer à un jeune soldat américain qui avait l'air de s'ennuyer et d'être mal à l'aise sous son casque et dans son gilet pare-balles. Le soldat leva la barrière en bois et lui fit signe de passer. Un an auparavant, avant la signature des accords de Dayton qui avaient mis fin à quatre années de guerre sanglante en Bosnie, ce bout de route d'une quinzaine de kilomètres, avait été l'un des morceaux de territoire les plus violemment disputés de Bosnie. Maintenant c'était une zone particulièrement minée, un no man's land où patrouillait une force multinationale de maintien de la paix, qui servait de tampon entre l'armée de la Fédération croato-musulmane de Bosnie-Herzégovine et celle de la nouvelle Republika Srpska, la République serbe de Bosnie.

Haglund quitta la route principale et suivit la direction de Pilica. Il dépassa une rangée de tracteurs rouillés et de moissonneuses et s'engagea sur une piste. Il roula en bordure d'un champ de blé en s'écartant parfois pour éviter les nids de poule et arriva jusqu'à une ferme sur le haut d'une colline. Un soldat de la paix russe sortit de l'un des bâtiments rouges de la ferme, puis reconnaissant le scientifique américain, lui sourit et esquissa un salut militaire. Haglund s'engagea dans un grand virage et avança jusqu'à un groupe de camionnettes blanches et de quatre-quatre. Après avoir jeté le mégot de son cigare par terre, il sauta de la voiture, marcha jusqu'à l'arrière du véhicule et ouvrit les portes arrière.

« Jean-Pierre ! » cria-t-il à un garde français assis à l'ombre d'une camionnette. «Fais sortir tout le monde du trou!»

Alors que Haglund entassait des boites de vivres par terre, des jeunes hommes et des jeunes femmes vêtus de combinaisons bleues et chaussés de grandes bottes de caoutchouc firent cercle autour de lui. Certains d'entre eux portaient des chapeaux de cowboy ou des bandanas aux couleurs vives noués autour de leur tête. Leurs visages étaient crispés et hagards: ils avaient creusé sous une chaleur étouffante pendant des semaines puis sous la pluie pendant un mois. Il y avait des archéologues, des anthropologues et des enquêteurs de police qui s'étaient porté volontaires pour l'une des besognes les plus sinistres possibles.

Ils vivaient sous des tentes à Camp Liza, l'une des dizaines de bases de maintien de la paix américaines en Bosnie. Tous les matins, ils se levaient à l'aube et, accompagnés d'une escorte militaire, roulaient pendant presque deux heures jusqu'à la ferme où ils travaillaient jusqu'à leur retour à la base juste avant le coucher du soleil. Beaucoup d'enquêteurs venaient des Etats-Unis. Mais beaucoup d'autres nationalités étaient représentées. Il y avait un photographe de la police hollandaise et un anthropologue péruvien. Un conducteur de pelleteuse philippin. Un ingénieur et logisticien britannique. Sept ex-parachutistes français qui étaient payés par le tribunal pour garder le site. Et des archéologues argentins, chiliens et guatémaltèques – tous d'anciens protégés de Snow.

« Ils ont un problème à la morgue », dit Haglund au groupe. «Le scanner est en panne. Ils doivent chercher les balles à la main, ce qui veut dire que les corps s'entassent et que les frigidaires surchauffent. Ils demandent juste qu'on ralentisse. » Les travailleurs se détournèrent d'un pas lourd et maugréèrent à voix basse dans plusieurs langues. Ils étaient épuisés et aucunement d'humeur à supporter un autre retard. Si la situation n'était pas vite réglée, certains d'entre eux devraient annuler leur vol de retour ou retarder leurs projets de vacances. Pilica était leur quatrième et dernière excavation en Bosnie. Et ils commençaient à craindre qu'elle ne soit, d'une manière ou d'une autre, maudite. Située dans une vallée encaissée, entourée de montagnes couvertes d'épaisses forêts, la ferme aurait dû être un lieu de travail idéal. Mais, les hommes étaient constamment sous la menace des attaques des paramilitaires serbes. Un coup de feu provenant d'un tireur isolé ou une grenade autopropulsée lancée depuis les collines pouvaient interrompre l'opération d'un moment à l'autre. Puis, il y avait cette odeur infecte. Les fermiers cultivaient du blé et des céréales, mais ils élevaient également des porcs et la puanteur de l'engrais mélangée à l'odeur des corps décomposés était un véritable tord-boyaux.

Pilica était également la fosse la plus large et la plus profonde. Après des semaines de travail avec une pelleteuse et des pelles, les ouvriers avaient découvert quelques bras et jambes gisant en désordre dans la terre ocre. Ils élargirent et approfondirent le trou. Finalement, à environ six mètres de profondeur, ils heurtèrent un monceau de corps. Mais il plut très fort cette nuit-là et quand ils revinrent le lendemain matin, il y avait de l'eau à hauteur de genou dans la fosse. Un après-midi, un mur de terre d'un mètre cinquante s'écroula et tous les ouvriers durent se précipiter hors du trou. Les esprits s'échauffèrent et les accusations fusèrent. Haglund, l'un des archéologues conspué, ne savait pas quoi faire.

La vérité était que les scientifiques, dont Haglund, repoussaient sans cesse les limites de leur savoir et de leurs expériences. Alors que tous avaient travaillé sur des tranchées préhistoriques, sur des tombes exhumées de prisonniers de guerre américains au

Vietnam ou encore avaient enquêté sur des meurtres politiques dans leurs pays respectifs, aucun d'entre eux n'avait eu affaire à un site aussi grand et aussi complexe. Les corps des tombes des Balkans continuaient à se décomposer et n'avaient rien à voir avec les os secs que ces hommes avaient l'habitude de déterrer à l'aide de petits outils en bois et brosses délicates. D'un point de vue logistique, les exhumations bosniaques avaient, dès le début, été un cauchemar et avaient rencontré de la part des chefs de l'OTAN à Bruxelles et à Washington, qui avaient peur que ce travail fortement politique ne sape une paix fragile, un soutien moins qu'enthousiaste. La situation était de plus compliquée par les pressions du tribunal qui voulait mener à bien le plus d'exhumations possible avant l'arrivée de la neige à la mi-novembre.

Haglund s'agenouilla et traça dans la boue qui s'était accumulée sur le côté de son véhicule le plan de la fosse, tel Virgile dressant le plan de sa descente aux enfers. Sur un des côtés d'un long rectangle, il dessina un petit monticule de forme arrondie qui pouvait faire penser à un stuppa bouddhiste. Montrant le monticule, il expliqua qu'il ne voulait pas que les corps soient retirés du trou. Puis, avec son index, il dessina plusieurs lignes droites à côté du monticule. «Je veux que les parois de la tombe soient enlevées morceau par morceau et que l'espace autour des corps soit élargi pour que l'on puisse les photographier *in situ*.»

Puis, il traça une ligne qui allait du tas de corps à un cercle et relia ce dernier à un autre cercle. Bucknall, dit-il, parlant de Geoff Bucknall, l'ingénieur de l'équipe, emmènerait le scanner à la base américaine où un des techniciens radio avait accepté d'y jeter un coup d'œil. Pendant ce temps, Andrew Thomson rencontrerait Amor Masovic, le fonctionnaire du gouvernement bosniaque en charge des enquêtes sur les charniers. Une fois que les experts scientifiques du tribunal auraient examiné les corps exhumés à la morgue, ils les adresseraient à Masovic qui, avec son équipe d'experts en médecine légale, tenterait d'en faire l'identification.

Impatients de connaître le sort de leurs être chers, les familles des disparus écrivaient sans cesse à son bureau pour avoir des informations. Masovic, de son côté, exerçait une pression sur Haglund pour accélérer les exhumations.

Haglund regarda sa montre. «Je dois aller à la ferme d'Ovcara pour voir Snow et le procureur. Je serai de retour avant la tombée de la nuit.»

Il se redressa. «Des questions?»

Il n'y en avait aucune.

Remettant rapidement son chapeau en place, il sauta à la place du conducteur et fila sur la route bosselée en direction de la frontière croate. A l'extérieur de la Land Rover, affichée aux yeux du monde entier, on pouvait distinguer la carte personnelle de l'enfer de Haglund.

A quinze kilomètres au sud de la ville croate de Vukovar, Clyde Snow descendit de son véhicule et s'arrêta pour allumer une cigarette plus pour combattre l'odeur âcre qui piquait ses narines que par habitude. La ferme d'Ovcara rassemblait davantage à un camp militaire qu'à un chantier archéologique. Du fil de fer barbelé en spirale, coupant comme un rasoir, était étendu à travers un ravin boisé et le long de la bordure d'un champ jusqu'à un groupe de caravanes et de véhicules militaires. Dans la partie nord du site, à côté d'une grande tente en tissu, un groupe de soldats jordaniens protégés par des gilets pare-balles de l'ONU se serraient autour d'un poêle à charbon. Fumant et agitant quelquefois leurs mains au-dessus du petit feu, ils buvaient leur thé à petites gorgées dans des tasses en métal et discutaient entre eux. A côté, un soldat juché sur un véhicule blindé de transport de troupes scrutait l'horizon, une mitrailleuse à la main.

A l'intérieur du périmètre de fil barbelé, sous un drapeau bleu pâle de l'ONU et entouré d'un ruban jaune de police, un container frigorifique blanc, sans fenêtres, à peu près de la taille d'un wagon de marchandises, était planté à l'écart des autres structures du camp. Ses portes en acier inoxydable étaient maintenues fermées à l'aide d'un gros cadenas. Un générateur mobile, dont le moteur à essence vrombissait à toute pompe, alimentait en électricité le système de refroidissement du container.

Snow était costaud et mesurait plus d'un mètre quatre-vingt: il paraissait gigantesque à côté de la petite brune qui avait contourné le véhicule pour le rejoindre. La jeune femme portait un manteau bleu roi qui ne disait rien sur son statut officiel et, tel un remorqueur aux couleurs vives escortant un vieux bateau de guerre au port, elle fit passer Snow devant le container blanc et se faufila sous la tente. Ils se frayèrent un chemin à travers les planches de bois jusqu'au bord d'un grand trou et baissèrent les yeux vers plusieurs hommes et femmes dans la pénombre. Quand une pelleteuse ne faisait pas grincer ses vitesses à côté, ils pouvaient entendre le bruit des pelles raclant la terre et le grincement des roues d'une brouette qu'on remontait le long d'une rampe de terre battue.

De l'autre côté du trou, une femme en jeans délavés et teeshirt du National Park Service, regardait avec attention dans l'oculaire d'un appareil électronique de surveillance fixé sur un trépied jaune vif. Sur sa tête un mini émetteur-récepteur muni d'écouteurs et d'un petit micro. Elle dirigea le rayon de l'émetteur vers l'homme qui se trouvait au centre de la fosse. Il était doté d'une installation radio identique et portait une perche rouge et blanche. A son extrémité, se trouvait une boite à trois côtés, à peu près de la taille d'une boite à bijoux, dont les parois étaient bordées de petits miroirs comme l'œil d'une libellule. Alignant la perche directement sur une douille de cartouches puis la tournant de façon à ce que le côté ouvert de la boite se trouve dans l'axe de l'émetteur, il cria: «55».

La femme fit un signe de la tête et rentra le numéro et le code pour cartouche sur le bloc-notes digital. Pour vérifier que l'émetteur était correctement dirigé, elle appuya sur un bouton et un faisceau lumineux infrarouge rebondit des miroirs pour revenir sur le récepteur. Une fois que le système de cartographie informatisé eut enregistré les coordonnées, on entendit deux bips aigus.

Près de l'homme dans le trou, trois autres hommes protégés par des combinaisons et des hautes bottes de caoutchouc, leurs mains enfermées dans des gants de caoutchouc ajustés, tirèrent doucement les bras d'un cadavre, essayant de le détacher de la masse des autres corps. Après l'avoir libéré, le chef d'équipe se pencha au-dessus de lui et parla à voix basse au petit magnétophone qu'il tenait dans sa main droite : «Corps 142, adulte de sexe masculin, partiellement décomposé… Bras gauche bandé… Sweat-shirt bleu clair avec des rayures horizontales rouges. Pantalon marron et ceinture noire.» Il s'arrêta et glissa sa main droite dans l'une des poches du pantalon. «Un trousseau de clefs dans la poche droite du pantalon», dit-il dans le magnétophone. Quand il eut fini, ses collègues mirent le corps dans un sac blanc et écrivirent sur l'un des côtés : «Ovcara 142». Puis ils remontèrent le corps le long de la rampe et le déposèrent dans le container frigorifique.

Depuis quatre ans, Snow se débattait pour savoir ce qui s'était exactement passé à la ferme d'Ovcara. Voir l'enquête enfin amorcée était un moment solennel. Rendu encore plus poignant par la présence à ses côtés de Louise Arbour, le tout nouveau procureur général du tribunal sur les crimes de guerre.

«Vous savez, dit-il en allumant une autre cigarette, j'ai souvent regretté d'avoir trouvé cette fosse. Mais je l'ai trouvée, et maintenant dans un certain sens, c'est plutôt triste de voir exposé devant nous ce que nous attendons depuis le début. Mais je suis considérablement impressionné par le travail accompli. Vous avez là une équipe qui peut apporter à ce genre d'enquête ce qu'elle mérite vraiment.» Il se tut pour chercher les mots justes. «Un crime terrible a été commis ici. Et être allé aussi loin nous oblige à faire en sorte qu'il ne reste pas impuni.»

2

Clyde Snow entendit pour la première fois parler de l'incident d'Ovcara pendant son séjour à Zagreb, la capitale de la Croatie, en 1992. Il faisait partie de l'équipe des Nations unies qui enquêtait sur les rumeurs de crimes de guerre en ex-Yougoslavie. A la fin d'une réunion avec le doyen de l'Ecole de médecine de Zagreb, on présenta Snow à un ancien soldat du nom de « Marko » qui déclarait être le survivant d'un massacre qui avait eu lieu sur le champ d'un fermier l'année précédente.

Le récit de Marko commençait à Vukovar, une vieille ville industrielle située sur un promontoire surplombant la confluence entre le Danube et la Vuka, à la frontière est de la Croatie. Pendant des années, Serbes et Croates y avaient vécu en paix. Ils travaillaient dans les mêmes usines et envoyaient leurs enfants dans les mêmes écoles. Ils avaient leurs particularités mais les conflits n'atteignirent ne semble-t-il jamais un point de non retour. Du moins, pas avant le printemps 1991.

A partir de cette date, la guerre devint inévitable dans le pays. Le maréchal Tito, qui dirigea la Yougoslavie de 1945 à sa mort en 1980, avait réuni les six républiques du pays – la Croatie, la Serbie, la Bosnie-Herzégovine, le Monténégro, la Macédoine et la Slovénie – et deux provinces autonomes – la Vojvodine et le Kosovo – en une seule république, grâce à sa forte personnalité, à l'oppression des dissidents et à une redéfinition des frontières politiques intérieures afin d'amoindrir les animosités ethniques. En 1987, un nouvel homme politique d'une certaine habileté, du nom de Slobodan Milosevic, était devenu président de la Serbie. Il faisait appel au nationalisme serbe en encourageant l'usage du cyrillique, l'un des deux alphabets officiels, et en développant des liens directs avec l'Eglise orthodoxe serbe. En jouant sur les hostilités restées en suspens depuis la Seconde guerre mondiale, il fit renaître l'aspiration à la « Grande Serbie », où tous les Serbes seraient unis sous le même drapeau. L'ascension de Milosevic et d'autres nationalistes endurcis en Serbie déclencha de semblables appétits dans les républiques voisines.

En Croatie, des croix gammées commencèrent à faire leur apparition dans les meetings pour l'indépendance, ce qui n'était pas sans rappeler l'alliance des Nazis avec les Croates et leurs partisans, les Oustachis, qui tuèrent des centaines de milliers de Serbes et de Juifs pendant la Seconde guerre mondiale. A la fin des années quatre-vingt, un groupe d'ultranationalistes avait fait renaître de ses cendres le vieux «Parti des droits» qui avait eu autrefois l'ambition d'établir une Croatie ethniquement pure. Formé pour la première fois en 1852, le Parti des droits s'était battu contre les Habsbourgs pour l'indépendance du pays. Le nouveau parti des droits créa une aile paramilitaire baptisée les Hos, abréviation de Hrvatske Obrambene Snage (Forces de libération croates), qui établit ses quartiers généraux en face du Grand Hôtel de l'Esplanade, à Zagreb. Les membres des Hos étaient pour la plupart de jeunes hommes qui adoraient arborer une coupe militaire et des tenues de camouflage noires et qui défilaient au son du slogan du vieux parti : « BOG I HRVATI» (Dieu et les Croates).

Les troubles éclatèrent dans les environs de Vukovar le Ier mai 1991, quand les paramilitaires serbes firent prisonniers deux policiers croates qui avaient tenté de forcer un barrage à Borovo Selo, une banlieue de Vukovar à majorité serbe. Le lendemain, la police envoya un car entier de renforts pour récupérer les deux hommes. Mais les Serbes, cachés dans des maisons et des immeubles à l'entrée de la ville, tendirent une embuscade, tuant quinze policiers et en blessant plusieurs autres. En quelques jours, la rumeur selon laquelle plusieurs corps avaient été retrouvés mutilés se répandit dans toute la Croatie, augmentant la tension qui était déjà dans l'air.

Le 25 juin 1991, la Croatie et la Slovénie déclarèrent leur indépendance. Milosevic ordonna à l'Armée populaire yougoslave, la APY, composée essentiellement d'officiers serbes, d'assujettir les républiques dissidentes. La APY attaqua d'abord la Slovénie, mais rencontra plus de résistance qu'elle ne l'avait prévu. Après dix jours, les généraux yougoslaves abandonnèrent la Slovénie pour concentrer leurs efforts sur la Croatie. Vukovar, qui se trouvait à 135 kilomètres au nord-ouest de Belgrade, la capitale serbe, essuya le plus gros de l'attaque.

Pendant trois mois, la APY utilisa l'artillerie, les roquettes, l'aviation et les canonnières sur le Danube, pour réduire la ville à sa merci. La population civile de Vukovar – aussi bien croate que serbe – s'était réfugiée dans les caves et les abris construits sous Tito, pour se protéger des obus et des bombes qui étaient lancés sur ses écoles, ses usines et ses églises. Certains jours, on ne vit pas moins de soixante-dix obus tomber en une heure sur la ville démolie.

Marko, comme beaucoup de Croates de Vukovar, rejoignit les 1800 volontaires de la Garde nationale, une armée de racailles qui, sans beaucoup d'entraînement ni d'armement, avait monté une ligne de défense autour de la ville. Pendant ce temps, les paramilitaires des Hos de Zagreb et d'autres villes croates, excités à l'idée de défendre la « Stalingrad de Croatie », avaient passé la ligne de front pour les rejoindre. Marko fut rattaché à une unité de mouillage de mines. Mais, sa mission fut très vite interrompue quelques semaines plus tard par un obus de mortier qui avait atterri à côté de lui, lui envoyant un jet de métal brûlant sur le dos et sur le côté du visage. Les lignes de défense commençaient déjà à tomber et Marko rejoignit les milliers de civils et de combattants paniqués qui s'entassaient à l'hôpital du centre de Vukovar. Les patients et le personnel allaient être, disait-on, bientôt évacués sous la protection d'observateurs internationaux.

«Il y avait des blessés partout, dans les couloirs, sur le patio, au sous-sol», se rappelait Marko. Une fois ses blessures suturées et pansées, Marko alla chez ses parents tout en retournant chaque matin au pavillon de consultation externe pour faire examiner ses plaies.

Le 19 novembre au matin, les troupes de la APY avaient détruit la dernière unité de défense de Vukovar et avaient avancé jusqu'au centre de la ville. Nicolas Borsinger, le représentant du Comité International de la Croix Rouge (le CICR) en ex-Yougos-lavie, apprenant que la ville était sur le point de tomber, se débrouil-la pour passer les lignes serbes en déclarant qu'il avait rendez-vous avec «Le Général». La ville était complètement dévastée: il n'y avait presque plus aucun immeuble debout. Des combattants serbes ivres déliraient dans les rues en vidant le chargeur de leurs AK-47 vers le ciel pendant que d'autres tiraient de force des civils croates hors de leurs bunkers et de leurs sous-sols et les obligeaient à quitter la ville. Borsinger réussit à pénétrer dans l'hôpital qui était sous le commandement d'un capitaine serbe. Le capitaine accepta que le CICR évacue les patients le lendemain.

Marko, à la nouvelle de l'évacuation imminente, décida de dormir sur place. Il trouva un matelas abandonné à l'un des étages supérieurs et s'y allongea pour la nuit. A travers une fenêtre détrui-te par une bombe, il vit les garçons de salle étendre des corps sous des pruniers.

Marko se réveilla à sept heures le lendemain matin au son des ordres aboyés par les soldats serbes dans les étages inférieurs. Il descendit l'escalier et tomba sur un officier de la APY qui chercha son nom sur une liste et lui ordonna de rejoindre les autres hom-mes – pour la plupart des soldats légèrement blessés et des mem-bres du personnel hospitalier – dans la cour. Les soldats de la APY fouillèrent les hommes à la recherche d'armes puis les dirigèrent vers six bus militaires. Pendant ce temps, leur commandant, le major Veselin Sljivancarin, était revenu sur sa décision et était en train d'empêcher l'envoyé spécial de l'ONU, Cyrius Vance, et un convoi de la Croix Rouge d'entrer dans l'enceinte de l'hôpital pour évacuer les malades et les blessés.

Les bus emmenèrent Marko et les autres hommes dans de vieux baraquements de l'armée yougoslave situés dans le sud de la ville. Un capitaine de la APY, Miroslav Radic, monta dans chacun des bus pour lire à haute voix une liste de noms. Plusieurs hommes furent contraints de descendre un à un des bus et furent ramenés à l'hôpital. Dehors, les paramilitaires serbes frappaient violemment sur les parois des bus avec leurs poings et lançaient des slogans tchetniks pour se moquer des hommes effrayés. Deux heures plus tard, les bus quittèrent les baraquements et prirent un chemin de campagne pour traverser les terres au sud de Vukovar.

Marko regarda par la fenêtre du bus. C'était la fin de l'automne et on pouvait voir des barbes de maïs et de la poussière dans les rayons de soleil qui illuminaient les sombres rangées de céréales non moissonnées. Des faucons à queue cunéiforme s'élançaient des fils télégraphiques et volaient en silence à travers les champs. Avant la guerre, Marko appréciait particulièrement ces lieux tranquilles. Il quittait Vukovar en mobylette et roulait pendant des heures sur les chemins qui coupaient les champs et serpentaient à travers les forêts épaisses et les ravins escarpés.

A quinze kilomètres au sud de Vukovar, les bus ralentirent et tournèrent vers un ensemble de bâtiments de ferme. Marko reconnut l'endroit. C'était Ovcara, une ferme coopérative d'Etat. La APY l'avait utilisée comme point de ravitaillement lors de son assaut final sur la ville. Des dizaines de soldats de la APY et de combattants paramilitaires tournaient en rond dans la cour.

« On nous ordonna de descendre des bus un par un », raconta Marko. « Quand nous sautions à terre, deux Tchetniks nous empoignaient par le bras et nous envoyaient valser sur une foule d'hommes à l'entrée d'un long bâtiment. » A l'intérieur, au milieu du désordre de la machinerie de la ferme, d'autres soldats serbes attendaient dans l'obscurité en buvant et en lançant des jurons.

«Ils nous ont frappés avec des matraques et le canon de leurs fusils», raconta Marko. «Je me souviens d'un homme sur des béquilles à qui on avait ordonné de chanter des chants tchetniks. Si un soldat n'appréciait pas la façon dont le gars chantait, il le frappait avec ses béquilles.» Au crépuscule, deux hommes, dont celui aux béquilles, avaient été battus à mort.

A la tombée de la nuit, un camion militaire quitta la ferme avec à son bord vingt personnes. Dix ou quinze minutes plus tard, le camion revint pour prendre un autre chargement. Marko partit avec le troisième ou le quatrième convoi. Plusieurs centaines de mètres plus haut, le camion ralentit et tourna à gauche sur une piste. Marko sentait la peur grandir telle un poing dans sa gorge.

«Il faut qu'on saute», dit-il aux autres hommes. Désespéré, il agrippa le bras de l'homme qui était à côté de lui, mais son voisin s'écarta. Le camion avançait en faisant des embardées et, comme on entendit plus que des bruits d'embrayage assourdissants, Marko sauta dans l'obscurité. Alors qu'il courait à travers les champs quelques minutes plus tard, il entendit une rafale de coups de feu.

Trois jours après cet entretien et presque un an après les événements décrits par Marko, un hélicoptère de l'ONU avec à son bord Clyde Snow décolla de l'aéroport de Zagreb et vira vers l'Est en direction de Vukovar. Son front pressé contre la vitre, Snow scrutait le patchwork que formaient villages et fermes, à la recherche de traces de combat. De temps en temps, il apercevait des colonnes de tanks ou un convoi de véhicules de secours de l'ONU qui serpentaient lentement le long des routes de campagne désertes. Mais ce n'est que lorsque l'hélicoptère survola Vukovar qu'il vit les véritables ravages de la guerre.

On aurait dit qu'une bête enragée avait attaqué la ville, démolissant les immeubles, renversant les clochers des églises, arrachant les lignes électriques. Comme lors du bombardement de Guernica par les Allemands en 1937 ou lors des raids aériens britanniques sur Dresde pendant la guerre, l'armée yougoslave avait réduit à néant une vieille ville autrefois séduisante. Plus tard, en traversant en voiture les rues de Vukovar, Snow fut impressionné par le nombre de voyous armés dans la ville. Presque tous les carrefours rengorgeaient d'hommes barbus en uniforme paramilitaire noir qui cachaient leurs yeux derrière des lunettes noires. Beaucoup d'entre eux faisaient partie des «Tigres», une bande de tueurs haineux, mais extrêmement bien disciplinés et entraînés, dirigés par l'un des hommes les plus recherchés d'Europe, Zeljko Raznatovic, plus connu sous le nom de «Arkan».

Serbe nationaliste fanatique, cet ancien homme de main du gouvernement yougoslave avait dirigé la plupart des pillages et des meurtres qui avaient eu lieu à Vukovar pendant et après le siège. Les hommes d'Arkan qui portaient des lunettes de ski noires et étaient armés de longs couteaux, étaient des tueurs au corps superbe et athlétique qui adoraient trancher la gorge de leurs victimes. Ils devinrent très vite les instruments incontournables et redoutés du nettoyage ethnique en Croatie et dans l'est de la Bosnie.

Le nettoyage ethnique était également pour Arkan une source d'enrichissement. Fin 1991, les Serbes s'étaient emparé des gisements de pétrole des environs de Vukovar, et quand l'embargo de l'ONU sur le pétrole avait fait monter le prix de l'essence à seize dollars le galon, Arkan avait fait en sorte de recevoir un pourcentage sur chaque baril. Il utilisa ce butin pour organiser et financer une des plus grandes opérations pétrolières de l'ex-Yougoslavie.

Arkan et les autres hommes de son acabit étaient exactement le genre de bandits que les pacificateurs de l'ONU – officiellement désignés sous le nom de Force de protection des Nations unies, ou Forpronu – étaient supposés désarmer. Grâce à l'accord de cessez-le-feu signé début 1992, les forces de la Forpronu, qui comprenaient aussi bien des militaires que des policiers, devaient démilitariser

Vukovar et d'autres régions sous le contrôle des Serbes, en assurant le retrait des troupes de la APY et la démobilisation de toutes les troupes paramilitaires. Mais, neuf mois après l'entrée en vigueur de l'accord, le camp d'entraînement d'Arkan était toujours opérationnel dans le château du XIXe siècle qui surplombait le Danube.

L'ironie du sort voulait que le centre d'entraînement fût à deux pas du siège de la Forpronu où Clyde Snow, son chapeau de feutre vert à la main, était reçu très froidement par le commandant belge de l'ONU, le colonel Pierre Peeters. Agacé par l'arrivée impromptue de Snow qui n'avait pas la paperasserie nécessaire, Peeters l'envoya sur la route parler à la police civile de l'ONU, qui s'occupait des problèmes des droits de l'Homme.

Tôt le lendemain matin, Snow et le sergent Larry Moore, un membre de la police montée canadienne détaché à l'ONU, roulèrent jusqu'à la ferme d'Ovcara. Vérifiant qu'ils n'avaient pas été suivis, ils laissèrent la voiture sur le côté de la route, juste au nord du ravin mentionné par Marko, et continuèrent à pieds sur la piste. Près du bord du ravin, sur un bout de terre nue et détrempée, le Canadien repéra dans la boue un crâne d'homme, la mâchoire encore ouverte, comme s'il criait vers le ciel.

Quand la fosse d'Ovcara fut découverte, l'ONU la déclara lieu de crime et envoya des troupes de soldat de la paix russes pour la garder. Clyde Snow, pendant ce temps, était retourné aux Etats-Unis pour rassembler une équipe d'experts légistes afin de mener une enquête préliminaire sur la fosse avant l'arrivée de l'hiver qui s'annonçait rigoureux.

En décembre 1992, je l'accompagnai à Ovcara, en tant que directeur des « Physicians for Human Rights ». Nous avions commencé à travailler ensemble en 1984 en Argentine très peu de temps après le départ de la junte militaire. Depuis, nous avions passé beaucoup de temps sur des lieux de tuerie du monde entier pour recueillir des preuves de crimes de guerre et autres atrocités. Par ce matin froid, nous étions accompagnés de Becky Saunders, une archéologue de la Louisiana State University, et de Morris Tidball Binz, un physicien argentin spécialiste de médecine légale. Notre travail était financé par la Commission d'Experts de l'ONU sur l'ex-Yougoslavie. Mise en place par le Conseil de sécurité en octobre 1992, la commission était composée d'un groupe d'experts des lois internationales qui avaient pour mission d'enquêter sur les «manquements graves aux conventions de Genève et autres violations des lois humanitaires» en ex-Yougoslavie.

Nous avons travaillé rapidement, conscients que les Serbes pouvaient nous défier à tout moment. Pendant que les troupes de maintien de la paix montaient la garde, une équipe de démineurs belges inspecta le site. Quand ils l'eurent déclaré sûr, nous déterrâmes le crâne et les autres restes de la boue. Sous le crâne, sur les os des épaules, nous trouvâmes une chaîne en argent avec une croix catholique et un médaillon argenté portant l'inscription «BOG I HRVATI», «Dieu et les Croates».

En marchant dans le sous-bois, on trouva un autre squelette et ce qui pouvait ressembler aux contours d'une grande fosse. Nous creusâmes une tranchée d'un mètre de large en travers du site et découvrîmes plusieurs autres corps. Nous conclûmes que d'après sa taille et sa profondeur apparentes, la fosse pouvait facilement contenir plus de deux cents corps. Avant de partir, nous mîmes les squelettes dans des sacs en plastique étiquetés respectivement «Ovcara 1» et «Ovcara 2» et nous les réenterrâmes dans la tranchée.

Les guerres sont souvent synonymes d'enterrements collectifs. Les troupes ramassent les ennemis morts et, en violation des lois de la guerre, les jettent dans des charniers. Mais les corps de la fosse d'Ovcara n'avaient rien à voir avec des morts de champ de bataille. Au nord-ouest du site, il y avait plus de soixante-quinze douilles de cartouche d'un calibre correspondant à celui du Red-Star 762 millimètres, une arme classique de la APY, ancêtre de la

AK-47 russe. La présence de douilles précisément à cet endroit et d'impacts de balle dans les acacias sur le côté opposé signifiait qu'un peloton d'exécution avait été placé sur l'un des bords de la fosse et avait tiré directement dedans ou vers le bord opposé.

Pendant les dix mois qui suivirent, Snow et moi-même avons attendu aux Etats-Unis que la commission d'experts des Nations unies négocie avec les factions en guerre l'autorisation de continuer les enquêtes. Finalement, en octobre 1993, nous sommes revenus en Croatie, cette fois avec dix-huit experts légistes et un détachement de soldats de l'ONU qui devait nous fournir sécurité et soutien logistique. Pendant que nous attendions de pouvoir avoir accès à la fosse d'Ovcara, Snow emmena une équipe dans un village de l'ouest de la Croatie où ils exhumèrent dix-neuf corps, tous, semblait-il, serbes. On disait qu'ils avaient été exécutés sous l'ordre d'un commandant croate de la région qui, plus tard, gravit les échelons du ministère croate de la défense.

J'emmenai un groupe à Vukovar avec deux membres de la Commission d'experts de l'ONU qui apportèrent des autorisations d'exhumer la fosse d'Ovcara, signées par les autorités militaires et civiles serbes.

Du moins, c'est ce que nous pensions.

Depuis le début, il était évident que ni le commandant serbe de la zone, le général Milan Milovanovic, ni son homologue de l'ONU, le colonel Pierre Peeters, ne voulaient de nous sur place. On pourrait même dire qu'ils se disputaient le titre d'hôte le plus désagréable. Peeters, comme beaucoup de commandants de l'ONU en ex-Yougoslavie, n'avait lui-même jamais pris part au combat et, proche de la retraite, il n'avait aucun intérêt à susciter des troubles. Ouvrir un charnier pouvait causer un « incident » qui pouvait très vite faire les gros titres à Bruxelles. Déclarant qu'il n'avait pas de place dans ses baraquements, Peeters nous installa dans un bâtiment abandonné situé à côté des terres d'entraînement des Tigres d'Arkan.

Pendant que nos responsables de l'ONU discutaient avec Peeters, mes collègues et moi-même attendions dans nos quartiers. De temps en temps, le bruit d'une rafale provenant des champs de tir d'Arkan traversait les murs. Finalement, trois jours après notre arrivée, le général Milovanovic nous convoqua en même temps que Peeters dans son bureau.

Le général était assis à l'extrémité d'une longue table recouverte de feutre vert sous un portrait du président serbe Slobodan Milosevic. Avec son air pâle et renfrogné, ses cheveux brillants et noirs comme le geai, lissés derrière les oreilles, on aurait dit un parfait officier SS. Allumant une cigarette à bout filtre, il rejeta la tête en arrière, projeta un long ruban de fumée vers le plafond puis sourit.

« Je suis persuadé qu'en tant que commandant et officier, le colonel belge comprendra que votre présence ici va remettre en cause tout ce que l'ONU a accompli jusqu'ici », dit-il d'une voix dégoulinante de sarcasme. Le conseil municipal de Vukovar, nous informa-t-il, avait voté une résolution nous interdisant de continuer à travailler à Ovcara.

« Mais que faites-vous de nos autorisations officielles ? » demanda l'un des responsables de l'ONU. Milovanovic repoussa l'idée du revers de la main. « Vos papiers de Belgrade ne valent rien », dit-il. « Vous devez quitter les lieux sur le champ. »

Tous les regards se tournèrent vers le colonel Peeters qui avait tout pouvoir, grâce aux innombrables résolutions du Conseil de sécurité de l'ONU, de s'opposer à l'ultimatum du général serbe. Mais il ne prononça pas un mot. Imperturbable, il s'affala sur sa chaise et caressa son menton en fixant un bouquet de fleurs en boutons dans un vase de porcelaine blanche situé au centre de la table. Comme s'il attendait qu'elles éclosent.

3

Les événements en ex-Yougoslavie prirent une tournure inexorable après notre retraite précipitée de novembre 1993. La guerre, telle un virus, s'était répandue à travers toute la Bosnie, sous la direction du leader bosno-serbe, Radovan Karadzic, et de son chef militaire, le général Ratko Mladic. Pendant que le monde entier les regardait faire, les forces militaires fidèles à ces deux apôtres des formes les plus agressives du nationalisme commirent les pires atrocités en Europe depuis la Seconde guerre mondiale. Le combat en Bosnie avait commencé début avril 1992, presque en même temps que la reconnaissance internationale de l'indépendance de la république. Les troupes de la APY stationnées en Bosnie rejoignirent les milices serbes lors des attaques contre les forces de défense bosniaques. A la même époque, le président serbe, Slobodan Milosevic, commença à envoyer des troupes paramilitaires de l'autre côté de la Drina, en Bosnie. Il joua sur les sentiments nationalistes des Serbes à Belgrade en déclarant qu'il ne laisserait jamais la population serbe tomber à nouveau sous le joug des Musulmans. Il se référait aux cinq cents ans de domination turque en Bosnie entre le XIVe et le XIXe siècle, pendant lesquels de nombreux habitants s'étaient convertis à l'Islam.

Le président croate Franjo Tudjman joua lui aussi la carte nationaliste. Il fournit des hommes et des armes aux milices bosno-croates, plus connues sous le nom de «Conseil de défense croate», ou HVO, qui se mirent à terroriser les villages musulmans et serbes dans tout le centre et l'ouest de la Bosnie. «La Bosnie, déclara un jour Tudjman à une équipe de télévision occidentale, est une création de l'invasion ottomane en Europe. Avant, soit elle a fait partie de la Croatie, soit elle a été le royaume de Bosnie, mais un royaume catholique, lié à la Croatie.» En d'autres termes, quelle que soit son histoire, la Bosnie avait toujours été destinée à faire partie de la Croatie. La rhétorique chauvine de Tudjman, comme celle de Milosevic, n'étaient utilisées qu'à une seule fin: ce que les deux hommes voulaient, à n'importe quel prix, c'était le territoire et le pouvoir.

Avant la guerre, la Bosnie comptait environ 4 350 000 habitants: 44 % de Musulmans, 31 % de Serbes et 17 % de Croates. Mais les statistiques sont trompeuses en Bosnie car les lignes de partage n'étaient pas aussi simples. Les Bosniaques, qu'ils soient musulmans, serbes ou croates, parlaient la même langue, portaient les mêmes vêtements et se mariaient souvent entre eux (19 % des mariages enregistrés entre 1981 et 1991 concernaient des couples mixtes). Ils se mélangeaient dans tout le pays même si, dans certaines régions, un groupe ethnique pouvait être majoritaire de façon significative. Certains villages bosniaques étaient peuplés exclusivement de membres d'une seule ethnie. Souvent, toutefois, les différentes communautés étaient installées dans des parties du village bien distinctes et clairement définies, comme par exemple à chacune des extrémités d'un village ou sur les deux rives opposées d'un fleuve. Les Musulmans participaient souvent à la construction des églises de leurs voisins chrétiens et ceux-ci aidaient les Musulmans à édifier leurs mosquées. Les deux communautés pouvaient vivre séparément mais le partage et la réciprocité étaient de mise les jours de fête ou dans les moments importants de la vie familiale, comme les naissances, les mariages et les décès.

Les paramilitaires serbes envoyés de l'autre côté de la Drina par Milosevic se jetèrent sur les villes musulmanes et les villages de l'est et du nord de la Bosnie, animés d'un esprit de vengeance. Avec le support de l'APY, ils «nettoyèrent ethniquement» des centaines de milliers de Musulmans et de Croates dans une frénésie de meurtres, de pillages et de tortures. (A la mi-1992, quand toute l'horreur de l'expression «nettoyage ethnique» commença à correspondre à la réalité, quelques dignitaires serbes préférèrent utiliser le terme euphémique de «déplacement ethnique».) En l'espace d'un peu plus de deux semaines, les forces serbes s'emparèrent de dizaines de villes et de villages musulmans à la frontière entre la Bosnie et la Serbie.

Une fois qu'une ville musulmane avait été sélectionnée pour être nettoyée, les troupes de la APY bloquaient tous les accès et faisaient évacuer les habitants serbes. L'artillerie lourde et les mortiers pouvaient alors ouvrir le feu sur les autres habitants. De tels bombardements duraient de quelques heures à plusieurs jours. Quand on jugeait qu'une ville avait été suffisamment malmenée par l'artillerie de la APY, les milices faisaient leur apparition.

La ville connaissait alors son heure la plus sombre. Les Tigres d'Arkan et d'autres paramilitaires, avec leurs lunettes de ski noires et leurs AK-47, allaient de maison en maison, d'appartement en appartement, pour en expulser les occupants. Certains Musulmans connaissaient bien leurs assaillants. Ils étaient voisins, collègues ou même amis. C'étaient des personnes avec qui ils travaillaient à l'usine ou qui les avaient aidés à moissonner leur champ l'automne précédent.

Pendant que les miliciens serbes interrogeaient les habitants dans la rue, d'autres soldats prenaient d'assaut les maisons, arrachant les lattes du plancher à la recherche de bijoux ou de Deutschmarks, la première devise de réserve en Yougoslavie. Ils retournaient les matelas et les éventraient, vidaient par terre le contenu des tiroirs à la recherche d'objets de valeur et s'emparaient des vivres entreposés dans les caves. Les hommes en âge de faire la guerre étaient exécutés sur le champ ou envoyés dans des camps de détention. Les femmes et les jeunes filles étaient parfois relâchées, mais certaines étaient emmenées et violées à répétition; beaucoup étaient plus tard assassinées.

Les Tigres d'Arkan commirent des atrocités sans nom dans les villes à majorité musulmane de Bijelina, Brcko et Zvornik. A Bijelina, ils arrachèrent les yeux d'une vieille musulmane, lui attachèrent les mains derrière le dos et l'exposèrent ainsi devant tout le monde dans la rue. Quand le carnage prenait fin, des employés des services sanitaires étaient forcés, sous la menace de revolvers, de ramasser les corps. Les pompiers devaient ensuite faire disparaître tout le sang avec leurs lances.

Quand la télévision serbe lui demanda d'expliquer ce qu'il faisait en Bosnie de l'Est, Arkan répondit : « Les Musulmans sont des chiens sauvages. C'est la guerre : c'est nous ou ces chiens sauvages ! »

Les Musulmans et les Croates qui se retrouvaient dans les camps de détention étaient enregistrés puis interrogés, souvent sous la torture. Des semaines de sous-alimentation, de manque d'eau et de mauvaise hygiène transformaient les détenus en ombres crasseuses et décharnées des personnes qu'ils avaient été autrefois. Ceux qui survivaient aux camps étaient embarqués dans des bus, des trains ou des charrettes et renvoyés dans les territoires musulmans ou croates.

Une fois les villes vidées, le feu, et parfois la dynamite, devenaient les instruments de prédilection du nettoyage. Les soldats serbes et les miliciens, qui avaient abusé d'eau de vie, prenaient un plaisir certain à cette pyromanie. Rien n'était épargné : bibliothèques, musées, églises catholiques, cimetières et surtout mosquées. (On estime que les troupes bosno-serbes ont dynamité plus de six cents mosquées pendant l'été et l'automne 1992 : des chefs-d'œuvre de l'architecture européenne tels que la Mosquée Ferhadija datant du XVIe siècle à Banja Luka ou la Mosquée colorée de Foca ont ainsi disparu.) Une des méthodes préférées de destruction des maisons consistait à en fermer toutes les fenêtres et les portes extérieures, à allumer une bougie à l'étage supérieur, puis à ouvrir le gaz de la cuisinière. Quand le gaz s'élevait et prenait feu, l'air enfermé dans la maison vibrait pendant un moment avant d'exploser.

Une des dernières villes musulmanes attaquées par les Tigres d'Arkan à l'est de la Bosnie fut la petite municipalité minière de Srebrenica. Située dans une vallée étroite, Srebrenica, ou « la ville d'argent», s'étend sur trois kilomètres de long et huit cents mètres de large. Des collines sombres et inquiétantes s'élèvent au-dessus de la ville, conférant un sentiment de claustrophobie les jours de mauvais temps. Le plupart des neuf mille habitants étaient d'une façon ou d'une autre liés à l'industrie minière. La ville possédait également une petite usine de pièces détachées et, trois kilomètres plus loin, dans la ville de Potocari, une fabrique de piles.

Les Tigres d'Arkan prirent avec d'autres milices serbes le contrôle de Srebrenica le 18 avril 1992. Les Musulmans, qui avaient entendu des réfugiés parler des violentes purges au nord, s'étaient cachés dans les épaisses forêts qui entouraient la ville. Deux jours plus tard, des habitants de la ville, armés et dirigés par un policier charismatique de vingt-cinq ans, Naser Oric, descendirent des collines et attaquèrent les Serbes. Finalement, le 8 mai, les Serbes se retirèrent et les Musulmans reprirent la ville. C'était une défaite humiliante pour les Serbes qui ne seraient pas prêts de l'oublier.

Dès que le contrôle fut rétabli sur la ville, les forces d'Oric, utilisant une mine abandonnée comme forteresse, commencèrent à lancer des attaques sur les villages serbes et les hameaux entourant l'enclave. Assoiffés de revanche, ils pillèrent des fermes et tuèrent des centaines de soldats et de civils serbes. Le 12 juillet, le jour de la fête orthodoxe serbe de saint Pierre, les Musulmans prirent le village de Zalazje, juste en dehors de Srebrenica, et tuèrent des dizaines de Serbes. Les corps de beaucoup de leurs victimes furent retrouvés mutilés, avec, disait-on, les mains et les oreilles coupées.

Malgré le succès de ces raids locaux, les chefs militaires bosno-serbes maintenaient toujours un cordon solide autour de l'enclave. A la mi-février 1993, plus de quarante mille Musulmans étaient enfermés dans Srebrenica et un petit périmètre autour. La plupart d'entre eux étaient des réfugiés des villages voisins « nettoyés » par les milices serbes. Les réfugiés vivaient dehors dans l'indigence, sous un froid glacial, en récupérant nourriture et bois pour se chauffer. Après trois mois de siège, la ville minière autrefois florissante, était devenue une cité de damnés. Il n'y avait ni électricité, ni gaz, ni eau courante. La fumée qui s'échappait des feux de bois planait au-dessus des rues, telle un nuage orageux, et les tuyaux de poêle de fortune des appartements crachaient de la suie et des cendres. La ville était infestée de rats et de puces. Beaucoup d'enfants avaient attrapé la gale. Les blessés ou les malades étaient emmenés à l'hôpital où beaucoup mouraient de simples blessures à cause du manque de matériel et de surveillance. Il n'y avait que trois médecins généralistes dans toute la région et un chirurgien débutant qui devait pratiquer des amputations sans anesthésiant.

Craignant une famine généralisée, le commandant de l'ONU en Bosnie, le général français Philippe Morillon, envoya des avions cargo américains C-130 larguer de la nourriture sur la région à l'aide de parachutes. Entre mars et juin 1993, quelque 1 900 tonnes de nourriture et de médicaments furent larguées sur les collines entourant Srebrenica. Les images de CNN montrant les largages, filmées depuis l'intérieur de la cale des avions, étaient dramatiques, mais ne réussirent pas à montrer le chaos qui, plus bas, régnait sur les collines recouvertes de neige : hommes et femmes, désespérés par la faim, se jetaient sur les palettes de nourriture.

Tout ce qui pouvait servir était récupéré. La corde des parachutes servait à attacher des bouts de plastique pour fabriquer des abris de fortune. Les caisses en bois étaient cassées en mille morceaux et brûlées pour se chauffer. Les femmes découpaient le nylon des parachutes pour faire des chemises et des pantalons à leurs maris et à leurs enfants.

Dans les premiers jours de mars 1993, les Serbes intensifièrent leurs bombardements de Srebrenica depuis les positions de l'artillerie sur les berges de la Drina. Morillon, inquiet à l'idée de voir survenir un nouveau Vukovar, court-circuita son siège de New York et appela directement ses supérieurs à Paris. Si Srebrenica tombait aux mains des Serbes, leur expliqua-t-il, tout l'est de la Bosnie serait bientôt perdu et les pourparlers de paix menés par Cyrius Vance et David Owen échoueraient inévitablement. Il savait que son plan paraissait donquichottesque, mais il fallait tenter quelque chose. Il voulut se rendre en personne à Srebrenica pour aider à attirer l'attention du reste du monde sur la situation critique de l'enclave isolée.

Accompagné d'un petit convoi de soldats belges de l'ONU, il passa la ligne de front serbe et entra dans Srebrenica le 11 mars. Le lendemain matin, le général français rencontrait Oric et ses commandants. Il fut décidé que Morillon tenterait d'obtenir un couvre-feu des Serbes et négocierait avec eux l'accès de la ville pour les convois d'aide humanitaire. On discuta de la possibilité de démilitariser Srebrenica, de la transformer en «zone de sécurité», avec des soldats de l'ONU qui serviraient de tampon entre les deux parties adverses.

Le lendemain, quand le général monta dans son véhicule pour quitter la ville, il fut entouré d'une multitude de femmes et d'enfants. Fatima Huseinovic, la responsable de la Ligue des Femmes de Srebrenica et principale organisatrice de cette manifestation, s'approcha du général. Il ne serait libre de partir que lorsqu'il aurait promis de garantir la sécurité de la ville, lui dit-elle. Il devrait également garantir un droit de passage pour les femmes, les enfants et les personnes âgées qui voulaient être évacués. Coincé, le général de 57 ans s'assit dans son véhicule et fuma cigarette sur cigarette en attendant que la foule se disperse. Il accepta finalement d'être pris en otage et grimpa au deuxième étage du bureau de poste de la ville. Penché à une fenêtre, il déclara: «Vous êtes maintenant sous la protection des Nations unies… Je ne vous abandonnerai jamais.»

Morillon fut ensuite autorisé à quitter Srebrenica pour commencer les négociations avec le président serbe Milosevic. Une semaine plus tard, une fois le cessez-le-feu obtenu, il retourna à l'enclave. Il était cette fois-ci accompagné d'un convoi d'aide, le premier depuis quatre mois à entrer dans la ville. Quand les sacs de farine et les colis de vivres furent déchargés, des centaines de femmes, d'enfants et de personnes âgées se précipitèrent dans les camions dans l'attente d'un passage en sécurité, à travers le territoire tenu par les Serbes, jusqu'à la ville musulmane de Tuzla. Mais le convoi ne partirait pas avant le lendemain matin. Les réfugiés, sachant qu'ils perdraient leur place s'ils s'éloignaient, se blottirent les uns contre les autres dans le froid glacial jusqu'à l'aube.

Zdenko Cihlarz, le médecin légiste en chef de Tuzla, me raconta plus tard combien lui et ses collègues de l'hôpital de Tuzla avaient été horrifiés quand ils avaient vu arriver dans leur ville le convoi de femmes et d'enfants. «Beaucoup de réfugiés étaient à l'article de la mort. Ils avaient faim et froid. Certains d'entre eux portaient les mêmes vêtements depuis des mois. Des infections non traitées qui dégageaient une horrible puanteur rongeaient leurs corps. Cette nuit-là, j'ai pratiqué dix autopsies sur des femmes et des enfants qui étaient morts d'asphyxie ou de froid.»

Pendant les trois semaines suivantes, des convois allaient et venaient dans Srebrenica. Le désordre régnait le plus souvent. Des femmes et des enfants paniqués passaient en force les soldats de l'ONU et prenaient d'assaut les camions. La peur de ne pas y réchapper conduisait des compagnons de souffrance à s'en prendre les uns aux autres. Des femmes jeunes et fortes écartaient les plus vieilles. Dans le chaos, les jeunes enfants étaient séparés de leur mère et se perdaient dans la multitude des corps. Des milliers de civils arrivèrent tout de même sans problème à Tuzla.

Au début d'avril, les Serbes, malgré les menaces de l'Ouest, renouvelèrent leurs bombardements de Srebrenica. Pendant deux courts bombardements de l'artillerie, cinquante-six personnes furent tuées et soixante-treize grièvement blessées. Comme les défenseurs de la ville reculaient, les responsables politiques demandèrent l'ouverture de négociations en vue d'une capitulation. Puis, le 16 avril, au moment où l'enclave semblait sur le point de tomber, le Conseil de sécurité de l'ONU vota la résolution 819 qui déclarait Srebrenica «zone de sécurité». La Force de Protection de l'ONU (la Forpronu) fut autorisée à apporter de l'aide humanitaire et à utiliser le pouvoir de l'OTAN pour se protéger. Moins d'un mois plus tard, cinq autres villes assiégées – Zepa, Bihac, Gorazde, Sarajevo et Tuzla – furent également déclarées «zones de sécurité».

L'idée de créer des zones de sécurité en Bosnie fut émise pour la première fois par Cornelio Sommaruga, le Secrétaire général du Comité International de la Croix Rouge (le CICR), en octobre 1992. A cette époque, le CICR était de plus en plus inquiet de l'utilisation que faisaient les Serbes de ses actions humanitaires afin de mettre les civils en sécurité, dans leurs campagnes de nettoyage ethnique des Musulmans et des Croates. Bien sûr, les havres de sécurité étaient un concept classique des lois européennes sur la guerre – Henri Dunant, le fondateur du CICR, avait déjà proposé cette idée pour protéger Paris en 1870 –, mais ils ne pouvaient fonctionner en Bosnie qu'à condition que les Musulmans ne s'en servent pas de base militaire et que les Serbes en respectent la neutralité.

Après la résolution 819 de l'ONU, des troupes canadiennes puis hollandaises furent déployées à Srebrenica. Les soldats de maintien de la paix – au nombre de 750 le 1er mai 1994 – furent chargés d'une grande mission, bien que peu réaliste, qui consistait à désarmer les résistants musulmans et à empêcher les attaques bosno-serbes sur la ville. Les forces d'Oric, pour le geste plus que pour toute autre raison, rendirent deux tanks, plusieurs pièces d'artillerie et quelque 260 armes de petit calibre aux soldats de la paix. Mais ils se gardèrent de donner leurs meilleures armes.

Pendant ce temps, sur les collines entourant l'enclave, les chefs serbes attendaient patiemment le bon moment pour attaquer. Auparavant, les Serbes rompaient rapidement les cessez-le-feu. Mais cette fois-ci, ils devaient être particulièrement prudents: la menace de raids aériens de l'OTAN planait et la prise de Srebrenica nécessiterait probablement des combats porte à porte, avec des pertes considérables pour leurs troupes. Attendre n'était de toutes façons pas un problème: ils contrôlaient déjà presque tous les accès de la ville et pouvaient bloquer l'entrée des convois d'aide et même les mouvements des troupes hollandaises si le cœur leur en disait. Srebrenica leur appartiendrait un jour ou l'autre, de cela ils en étaient certains. Il ne s'agissait plus que d'une question de temps.

4

C'était la fin de l'après-midi, le 11 juillet 1995 et les nuages s'étaient écartés pour laisser passer des rayons de soleil qui illuminaient Srebrenica tels des projecteurs éclairant un plateau de théâtre vide. Le général Ratko Mladic, ses yeux bleu clair étincelant et ses cheveux argentés chatoyant dans la lumière incandescente, marchait à grandes enjambées et l'air triomphal dans les rues de la ville. C'était à n'en pas douter le plus beau jour de sa vie. Avec son treillis fraîchement lavé et repassé, sa paire de lourdes jumelles se balançant sur son large torse et une mitraillette 9 mm Heckler à la main, son allure était en tous points celle d'un chef victorieux.

Pendant qu'un journaliste de la télévision de Pale, la capitale bosno-serbe, enregistrait le moindre de ses mouvements, le général de cinquante-deux ans s'approcha d'un groupe de soldats serbes qui portaient des fusils d'assaut Kalashnikov. Il les prit dans ses bras et embrassa chacun d'entre eux – d'abord sur la joue droite, puis sur celle de gauche, puis à nouveau sur celle de droite. Son exubérance semblait frénétique comme si l'odeur âcre de la poudre et le parfum salé de ses combattants victorieux avaient agi sur lui comme un puissant stimulant.

Mladic quitta ses hommes et continua à marcher dans la rue en passant devant des immeubles aux appartements pillés. Puis il s'arrêta et fit face à la caméra. D'une voix rauque, il déclara: «Nous sommes ici à Srebrenica le 11 juillet 1995. La veille d'un des grands jours de fête serbe. Nous offrons cette ville à la population serbe. Le temps est enfin venu de se venger des Turcs.»

L'assaut serbe sur Srebrenica avait été rapide et décisif. Bataille après bataille, depuis les trois dernières années, Mladic suivait la doctrine militaire de concentration des forces du panzer général allemand Heinz Guderian : *Klotzen, nicht Kleckern !* – « Concentrez-vous sur un seul point ! Ne vous éparpillez pas ! » A la tombée du jour, le 9 juillet, deuxième jour de l'attaque, les troupes bosno-serbes avaient pris le contrôle de la moitié sud de l'enclave et gardaient en otage trente soldats hollandais. Le lendemain, alors que le commandant hollandais ne cessait de joindre par radio le siège de l'ONU pour demander des raids aériens, les Serbes avancèrent jusqu'aux abords de la ville sans rencontrer de réelle résistance.

Le commandant musulman, Naser Oric, n'était pas, à ce qu'il s'est avéré, dans la ville. Deux mois auparavant, il avait quitté l'enclave avec quinze de ses meilleurs officiers et s'était rendu à Tuzla, à environ soixante-cinq kilomètres au nord-ouest. (Oric insista plus tard sur le fait que le gouvernement bosniaque l'avait empêché de retourner à l'enclave assiégée. Les fonctionnaires du gouvernement bosniaque soutinrent, quant à eux, qu'ils lui en avaient donné l'ordre mais qu'Oric avait refusé.) Sans leurs meilleurs chefs militaires, les Musulmans, indisciplinés et très mal entraînés, furent incapables d'organiser la défense de la ville. Il y eut même des échanges de coups de feu entre des factions de l'armée qui voulaient rester pour protéger la ville et d'autres qui voulaient fuir. Une rumeur réconfortante s'était répandue : les Serbes allaient ouvrir un corridor pour les hommes et leurs familles afin qu'ils battent en retraite jusqu'aux positions du gouvernement près de Tuzla.

Le 11 juillet au matin, les Serbes étaient à huit cents mètres de Srebrenica. Par peur de la déroute, les Hollandais commencèrent à se préparer à emmener leurs troupes et les civils en dehors de la ville. Puis, juste après 14 heures 30, deux avions de l'OTAN apparurent enfin dans le ciel de Srebrenica. Ils lâchèrent deux bombes sur les positions serbes à l'extérieur de la ville, causant des dommages négligeables, puis disparurent de l'horizon. Les Hollandais étaient sidérés. La dernière chance qu'avait l'ONU de défendre une « zone de sécurité » qu'elle avait juré de protéger, venait de disparaître juste sous leurs yeux. A Zagreb, le Commandant en chef de l'ONU, le lieutenant général français Bernard Janvier, et l'envoyé spécial de l'ONU, le Japonais Yasushi Akashi, qui avaient soutenu ce printemps-là que l'ONU devait se retirer des zones de sécurité, avaient décidé de limiter les raids aériens à une attaque symbolique.

A environ 16 heures 15, l'armée bosno-serbe, avec à sa tête Ratko Mladic, entra dans Srebrenica. Les troupes se déployèrent dans la ville. Les soldats hollandais et les milliers de Musulmans s'enfuirent sur les trois kilomètres de route d'asphalte qui les séparaient de la base principale des Hollandais à Potocari. Les femmes portaient leurs enfants ou les tenaient par la main. Les personnes âgées faisaient tout leur possible pour s'entraider. De temps en temps, un obus de mortier sifflait au-dessus de leurs têtes et explosait dans l'herbe ou les arbres d'un vert luxuriant qui bordaient la route.

Au moment de la chute de Srebrenica, presque tous les hommes et les adolescents – entre dix mille et quinze mille – avaient quitté la ville. Pendant que les femmes, les enfants et les personnes âgées fuyaient vers Potocari, les hommes se réfugièrent dans le village de Susnjari, où ils organisèrent eux-mêmes leur périple de soixante-cinq kilomètres jusqu'à Tuzla.

Cette nuit-là, sous une lune lumineuse, les hommes se rassemblèrent dans les champs qui entouraient le village. Seuls quelques milliers d'entre eux étaient armés. Certains avaient des armes automatiques, mais peu de munitions. D'autres avaient des fusils de chasse ou de très vieux fusils datant de la Seconde guerre mondiale que leur père ou leur grand-père leur avaient donné. Parmi les hommes dans les champs cette nuit-là, se trouvait un jeune homme de dix-huit ans, « Ibrahim ». Il était là avec son père et son jeune frère. Le frère aîné d'Ibrahim qui avait été sérieusement blessé pendant l'assaut final de Srebrenica, avait déjà fui avec sa mère à Potocari.

Deux ans plus tard, j'ai interviewé Ibrahim dans un camp de réfugiés au nord de Tuzla. Avec son pantalon et sa veste en jeans délavés, sa casquette de base-ball poussiéreuse, rabattue si bas qu'on distinguait à peine ses yeux bleus perçants, il ressemblait à un garçon de ferme du middle-west américain. Selon la tradition musulmane, nous nous assîmes l'un en face de l'autre sur des matelas posés par terre et bûmes un café turc dans de petites tasses en porcelaine. Ibrahim me raconta qu'avant la guerre, il vivait avec ses parents à Apolje, un village à majorité musulmane au nord de Srebrenica, sur les bords de la Drina. Sa petite amie, qu'il connaissait depuis l'enfance, était une Serbe d'un village voisin. Après que la Bosnie eut déclaré son indépendance en avril 1992 et que les tensions eurent commencé à monter dans la région, il ne la vit plus qu'en cachette. Mais il devint très vite bien trop dangereux pour les Musulmans et les Serbes d'être vus ensemble et ils durent abandonner leurs rencontres clandestines.

Le père d'Ibrahim était mineur et sa mère, comme beaucoup de femmes musulmanes de sa génération vivant à la campagne, restait à la maison et élevait ses trois fils. C'était une famille musulmane traditionnelle de l'est de la Bosnie. La mère portait un foulard et des « dimijes », ces pantalons bouffants aux motifs complexes, classiques chez les Musulmanes de la région. Le père d'Ibrahim portait un béret bleu foncé, très répandu chez les vieux Musulmans des zones rurales, ainsi que, autour du cou, une bourse en cuir qui contenait un «hamajlija», du mot arabe signifiant «amulette», une petit bout de papier sur lequel était écrit un verset ou une phrase du Coran. On le portait près du cœur pour se protéger des envoûtements et des maladies mais il pouvait également assurer bonheur et chance ou soulager l'anxiété ou les douleurs physiques.

Ibrahim et sa famille faisaient partie d'une « zajednica », une communauté musulmane qui rassemblait plusieurs familles alliées vivant dans des maisons séparées mais partageant un terrain. Dans leur cas, Ibrahim et sa famille vivaient avec les parents du père et le frère de celui-ci avec sa femme et ses enfants. Les hommes travaillaient en alternance dans les usines de la ville ou restaient chez eux pour garder le cheptel et pour planter et récolter. Les femmes s'occupaient de leur intérieur et prenaient soin du «basica», le bout de jardin près de la maison où poussaient des légumes de toutes sortes – poivrons, haricots, oignons, poireaux, pommes de terre, maïs – principalement pour la consommation domestique.

Avant le démembrement de la Yougoslavie, les hommes musulmans des zones rurales avaient souvent plus de rapports avec le monde extérieur que les femmes car ils sortaient du village pour travailler à l'usine, ou, dans certains cas, pour aller dans d'autres pays, comme l'Allemagne, afin de grossir la main-d'œuvre émigrée. Ils devaient également servir dans l'Armée populaire yougoslave, où ils s'entraînaient aux côtés d'autres Musulmans mais aussi de Serbes et de Croates.

Au début de 1994, quand le village d'Ibrahim fut attaqué par les paramilitaires serbes et leur maison incendiée, Ibrahim et toute sa famille se réfugièrent à Srebrenica. Robuste et rapide, il portait des messages pour la municipalité. Son frère aîné et lui rejoignirent les unités de défense d'Oric. Les deux frères avaient une carabine semi-automatique qu'ils s'échangeaient quand l'un retournait du front et que l'autre y allait. Malgré le danger évident, cela ne gênait pas Ibrahim de patrouiller à la frontière de l'enclave. Il s'ennuyait à Srebrenica et la puanteur humaine provenant des réfugiés sans abris était suffocante, surtout pendant l'été.

«Certains matins, quand le front était calme, me raconta-t-il, nous hurlions aux Serbes depuis nos tranchées: ‹Eh! Cedo! [abréviation de Serbes nationalistes]. Posez vos armes et venez boire le café avec nous! Il est préparé juste comme vous l'aimez!› Bien sûr, ils ne venaient jamais. Après, ils nous lançaient la même invitation. Et ainsi de suite jusqu'à ce qu'on se mette tous à rire comme des hystériques. Un jour, j'ai même reconnu la voix d'un ami, un type marrant, un Serbe avec qui je jouais au football.»

Ibrahim se fondit dans la foule d'hommes musulmans qui s'étaient rassemblés sur un champ de céréales aux alentours de Susnjari pour préparer leur fuite vers Tuzla. L'un des leaders politiques de l'enclave donnait aux unités de défense leurs positions le long de la colonne d'hommes qui parcourrait à pied les soixante-cinq kilomètres de route sur les montagnes couvertes de forêts épaisses, jusqu'à Tuzla. Les éclaireurs qui connaissaient bien la région partiraient les premiers, enlevant les mines sur leur passage. L'unité d'Ibrahim se trouvait près de la tête de la colonne : seuls environ mille cinq cents hommes partiraient avant lui. Quand il quitta le groupe, il surprit des hommes qui parlaient à voix basse. Ils étaient furieux que les leaders de l'enclave (et quelques femmes et enfants, pour la plupart issus des familles des chefs politiques et militaires) aient été placés à côté des unités les mieux équipées, en tête de colonne, alors que les personnes les moins bien armées et les moins influentes étaient reléguées à l'arrière.

Le 12 juillet, au lever du soleil, l'exode avait atteint sa vitesse de croisière. Depuis le ciel, la colonne humaine ressemblait à une procession apparemment sans fin de fourmis noires, allant leur chemin à travers collines aux forêts denses, prés et pâturages.

Toutes les provisions que les hommes avaient apportées pourrissaient sous la chaleur accablante et étaient bonnes à jeter. Ils survécurent en maraudant dans les vergers et, quand ceux-ci étaient vidés, ils mangeaient des champignons et des feuilles. Il y avait plein d'escargots dans la forêt et ceux qui pouvaient ingurgiter les mollusques les ramassaient et les faisaient frire au-dessus d'un petit feu de bois.

Les hommes avaient donné un nom à la route sur laquelle ils fuyaient: «Le Sentier de la Vie et de la Mort». Peu d'hommes, comme Ibrahim et son père, connaissaient la route et avaient des cartes pour se repérer. Ils se fiaient aux hommes qui se trouvaient devant eux pour leur montrer le chemin. Il avait été décidé que l'on marcherait la nuit pour dormir le jour. Mais cette stratégie fut vite abandonnée quand les Serbes ouvrirent le feu sur la colonne avec des mortiers et des canons antiaériens. De temps en temps, une patrouille de soldats serbes s'aventurait dans les bois pour ce qu'ils appelaient en riant «une petite chasse aux Musulmans». Les Serbes criaient aux Musulmans de se rendre. Certains hommes ne pouvaient résister et sortaient de la forêt.

Ibrahim, son père et son jeune frère s'arrêtèrent pour se reposer sur un flanc de colline dans la forêt de Bijela. Ils avaient marché toute la nuit et une grande partie de la matinée. «Il était à peu près midi et quelques hommes dormaient », dit Ibrahim. «Soudain, la forêt s'est illuminée car des obus de mortier pleuvaient sur nous. Les hommes ont commencé à crier et à se bousculer pour se cacher. J'ai senti un éclair de chaleur passer devant mon visage puis du sang dégouliner dans ma bouche. Je me suis mis à courir. Je devais sauter par-dessus les morts pour ne pas marcher sur eux. Je me souviens qu'à un moment, j'ai regardé en arrière, là où mon père et mon frère étaient assis, mais ils n'étaient plus là.»

Ibrahim marcha pendant cinq jours et cinq nuits avant d'atteindre le territoire musulman. Il se rendit directement au bureau du CICR de Tuzla pour avoir des nouvelles de ses parents et de ses frères. Des centaines d'autres réfugiés venus de Srebrenica faisaient la queue jusque dans la rue. Il resta dans la queue toute la journée mais n'arriva pas jusqu'à l'entrée du bureau. Cette nuit-là, il s'allongea sur un banc dans un jardin près du bureau du CICR. Le lendemain matin, il était l'un des premiers réfugiés à passer le seuil du Comité. Sa casquette de base-ball à la main, il s'approcha d'une femme assise derrière un bureau et lui tendit un bout de papier où figuraient les noms des quatre membres de sa famille. La femme consulta une liste et secoua la tête. Il y avait beaucoup trop de disparus, dit-elle au jeune homme. Il devait remplir un questionnaire et revenir la semaine suivante.

Le 11 juillet à la tombée de la nuit, plus de vingt mille Musulmans avaient fui Srebrenica et s'étaient rassemblés à Potocari et dans ses environs. Il s'agissait pour la plupart de femmes, d'enfants et de personnes âgées. Mais, il y avait plus d'un millier d'hommes en âge de combattre disséminés parmi eux. Certains, comme le frère aîné d'Ibrahim, étaient malades ou blessés. D'autres croyaient toujours que les Hollandais les protégeraient des Serbes, eux et leur famille.

Les conditions de vie se détériorèrent très vite car de plus en plus de personnes arrivaient à Potocari. En l'absence de toilettes, les gens urinaient et déféquaient à même le sol. L'eau était rare et sous la chaleur harassante, la déshydratation commença à se répandre parmi les plus jeunes et les plus âgés. Les femmes, désespérées, cherchaient leurs enfants ou leurs amis dans la foule.

Les éclaireurs serbes arrivèrent à Potocari le 12 juillet en fin de matinée. Au début, ils restèrent polis avec les soldats hollandais. Quelques soldats serbes leur offrirent même de l'eau de vie de prune et des cigarettes. Les Serbes assurèrent aux Hollandais qu'une évacuation en ordre des réfugiés pourrait commencer dès que leurs chefs arriveraient. Les femmes et les enfants seraient emmenés en bus dans les territoires contrôlés par les Bosniaques et les hommes dans des camps de prisonniers de guerre. Il n'y avait rien à craindre, dirent-ils. Ils étaient de bons soldats. Ils connaissaient très bien les Conventions de Genève.

Les troupes bosno-serbes se rassemblèrent très vite aux points stratégiques autour de la base hollandaise. Un tank, conduit par un soldat bien en chair, portant des ray-ban et fumant un cigare, alla se placer dans un bruit de ferraille à l'entrée principale et pointa le bout de son canon sur la foule. Les soldats hollandais se donnèrent le bras pour former une barrière entre les Serbes et les réfugiés, mais les premiers, armés pour certains de Sheperds allemands, écartèrent de leur chemin les « bérets bleus » et commencèrent à circuler parmi les femmes et les enfants. Devant les protestations des Hollandais, ils dirent qu'il ne s'agissait que d'une formalité : ils ne faisaient que rechercher les hommes coupables de «crimes de guerre».

A côté de la foule, un garçon de dix-huit ans, «Ahmed», était assis par terre, les bras appuyés sur les genoux. Ses yeux sombres observaient attentivement les têtes des femmes, des enfants et des hommes âgés débraillés. Soudain, il se raidit et se pencha pour taper sur l'épaule de son père. Il lui montra un endroit, quarante mètres plus loin, où deux soldats serbes étaient en train de traîner un vieil homme par les pieds. Par chance, les soldats tournaient le dos. Sans un mot, Ahmed quitta sa mère et son jeune frère, qui dormaient pelotonnés sur une couverture, et se faufila doucement à travers la foule avec son père jusqu'à un tas de palettes en bois en bordure de la base.

Ahmed et sa famille étaient arrivés à Potocari le 11 juillet en fin d'après-midi. Au coucher du soleil, le garçon et son père se glissèrent hors de la base dans l'intention de rejoindre les autres hommes à Susnjari, mais ils furent stoppés, juste en dehors du périmètre, par des soldats hollandais qui leur dirent de retourner dans le camp. Le père d'Ahmed tenta d'expliquer dans son mauvais anglais que son fils avait dix-huit ans et que lui-même avait plus de la quarantaine, ce qui signifiait que tous deux pouvaient être arrêtés et interrogés par les Serbes. Mais les soldats de l'ONU ne voulurent rien entendre. Ils seraient, dirent-ils, plus en sécurité dans le camp sous la protection des Nations unies.

Pendant les douze heures qui suivirent, Ahmed et son père jouèrent au chat et à la souris avec les soldats serbes. Ils dormirent par roulement près des palettes, se réveillant mutuellement quand des soldats approchaient. Plus d'une fois, Ahmed vit dans l'obscurité des soldats ivres tirer de la masse des corps endormis des jeunes et jolies filles et les emmener dans un bâtiment en dehors de la base. Le matin, il se réveilla au bruit d'une pelleteuse et vit six soldats hollandais porter des corps sur des brancards en dehors du camp. Il apprit plus tard que deux hommes et une adolescente s'étaient donné la mort pendant la nuit.

Allongés le long des palettes, Ahmed et son père passèrent en revue les différents moyens qu'ils avaient de s'échapper. Deux heures plus tôt, plus d'une dizaine de bus et de camions s'étaient garés derrière le tank à l'entrée. Les Serbes étaient en train de mettre sur pied les déportations. Un flot constant de réfugiés se dirigeait vers les bus. Un jeune soldat avec un bandana rouge autour de la tête apparut tout à coup près des palettes et força les deux hommes à se mettre debout. Le soldat pressa le canon de son fusil entre les épaules d'Ahmed et lui ordonna de se diriger vers le bus.

« Mon père était juste devant moi », se souvint Ahmed. « Devant le tank, il a tourné à gauche comme les autres hommes. Sans réfléchir, j'ai continué à marcher tout droit, derrière les femmes et les enfants. Après quelques mètres, une main a soudain agrippé mon épaule droite. Je me suis retourné. C'était un soldat serbe, un de mes voisins de Srebrenica. Il m'a fourré une couverture dans les bras et m'a fait signe de la mettre sur ma tête. Il m'a littéralement sauvé la vie. »

Quand le bus quitta le camp, Ahmed vit un groupe de paramilitaires serbes faire marcher une trentaine d'hommes, la tête baissée et les mains attachées derrière le dos, vers une maison. Les miliciens portaient des uniformes de police et sur leur casquette, une *kokarda* – un symbole nationaliste serbe représentant un aigle à deux têtes. En regardant la colonne d'hommes passer, Ahmed tripota doucement la boucle oreille en or de son oreille droite. C'était une manie – quelque chose qu'il faisait quand il était angoissé.

Quand les hommes passaient, en file indienne, le seuil de la maison, une ombre se découpait en diagonale sur leurs visages. Ahmed avait déjà vu cet effet dans de vieux films des années trente. Puis tout à coup, il le vit. La vision ne dura qu'un quart de seconde : sur le seuil, comme suspendu entre ombre et lumière, se tenait son père.

En moins de deux jours, les Serbes déportèrent depuis Potocari vingt-trois mille personnes, pratiquement que des femmes et des enfants. Pendant la semaine suivante, des milliers d'hommes de Srebrenica émergèrent des bois et tentèrent de traverser le territoire musulman. Ils continuèrent à arriver, souvent par petits groupes, tout au long de l'automne. A la fin de novembre, environ quatre mille sept cents hommes avaient rejoint Tuzla.

« Omer », quarante ans, fut l'un des derniers à échapper au fléau du nettoyage ethnique qui s'abattait sur Srebrenica et la campagne alentour en juillet 1995. Maçon, venu du village de Cerska, avec une femme et quatre enfants à nourrir, Omer travaillait dur et cela se devinait à ses épaules larges et à ses mains musclées. Ses cheveux étaient épais et raides, de la couleur du corbeau, avec des mouchetures grises. Il avait un visage patiné et un gentil sourire, et comme beaucoup de personnes qui avaient un défaut d'élocution, il avait tendance à élever la voix quand il pensait qu'on ne l'avait pas compris. Cela lui donnait un air stupide, presque obtus, mais c'était loin d'être le cas.

Omer et sa famille avaient fui à Srebrenica en février 1993 pour échapper à l'arrivée des Serbes. Ils ne connaissaient personne dans la ville et n'avaient nulle part où aller. Le maçon et son fils aîné, Medin, un garçon costaud de dix-sept ans, bâtirent un abri avec des bouts de plastique et de vieux bouts de bois qu'ils avaient dénichés sous les décombres d'une maison. Près du bureau de poste, ils trouvèrent un bidon de deux cents litres et un bout de gouttière et en firent un gros poêle. Pendant la journée, les enfants d'Omer parcouraient les collines enneigées, bravant les mines et les tirs des franc-tireurs, pour récupérer du bois et le vendre dans la rue.

Quand les Serbes prirent Srebrenica, Omer accompagna sa femme et ses enfants à Potocari puis continua seul pour rejoindre les hommes rassemblés dans les champs autour de Susnjari. Il traversa la foule pour retrouver son frère et six de ses cousins de

Cerska. Les huit hommes formèrent l'un des derniers groupes à rejoindre l'exode de Srebrenica.

Après avoir marché pendant toute la nuit, ils arrivèrent le lendemain en fin de matinée sur des collines très boisées surplombant la route qui relie les villages de Nova Kasaba et Konjevic Polje. La veille, des milliers d'hommes avaient traversé la route sans incident. Mais maintenant, ce bout de route large d'un peu moins d'un mètre et le champ attenant étaient remplis de soldats serbes. Deux véhicules blindés de transport de troupes étaient placés à chacune des extrémités du champ avec leurs canons antiaériens pointés vers les collines. Des dizaines de prisonniers, torse nu et mains attachés derrière le dos, étaient assis sur le bord de la route.

Epuisés et démoralisés, les huit hommes revinrent vers un moulin abandonné qu'ils avaient dépassé plus tôt dans la matinée. Cette nuit-là, quatre des hommes dormirent au-dessus de la roue à aubes cassée, pendant que les autres s'allongèrent dans la cave. Ils avaient pour toute arme une grenade qu'ils accrochèrent à un fil de détente juste devant la porte.

Le lendemain matin, les hommes se réveillèrent aux cris de deux soldats serbes qui se tenaient sur un talus non loin du moulin. Des patrouilles allaient de village en village et chassaient tous les Musulmans qui y étaient encore. Omer et les autres hommes réalisèrent qu'il n'y avait aucun moyen de s'échapper, du moins pour le moment.

Les huit hommes restèrent dans le moulin pendant quatre mois. La nuit, quand les patrouilles serbes quittaient l'endroit, Omer et sa famille ramassaient des baies sauvages et fouillaient dans les sacs à dos et les vêtements des hommes qui avaient été tués le long du chemin. Ils trouvaient rarement de la nourriture sur les cadavres boursouflés, mais de temps en temps, ils dénichaient un paquet de sel ou de tabac. Quand leurs réserves de nourriture diminuaient, ils faisaient des incursions dans les jardins des fermes serbes. Une nuit, ils volèrent un agneau et lui tranchèrent la gorge. Pour le garder froid, ils lui enlevèrent sa peau et emballèrent la carcasse dans un sac qu'ils mirent dans l'eau du fleuve sous des rochers. Allumer un feu aurait attiré l'attention, ils mangèrent donc la viande crue.

A la mi-novembre, ils manquaient de nourriture et de sel. Le temps changeait. Les nuits étaient plus froides et ce n'était plus qu'une question de jours avant l'arrivée des premières tempêtes de neige. Désespérés, ils quittèrent le moulin et marchèrent le long de la route de Tuzla.

« La première nuit fut la pire », me raconta plus tard Omer. « C'était comme un cauchemar. Les embuscades des mois précédents avaient laissé des corps décomposés un peu partout. Des chiens sauvages et autres charognards avaient déchiqueté les corps et laissé les os éparpillés le long de la route.» Dans une clairière de la forêt, Omer aperçut ce qu'il pensa être de grands champignons blancs brillant sous le clair de lune, mais quand il s'approcha, il put s'apercevoir qu'il s'agissait en fait de crânes qui avaient dévalé la colline et avaient blanchi sous le soleil.

Le matin du 20 novembre, Omer et ses compagnons attendirent patiemment le long d'un talus boisé qu'une patrouille passe puis descendirent sur le chemin. Marchant avec précaution sur la route d'asphalte, ils parcoururent les neuf derniers kilomètres qui les séparaient de la ligne de front musulmane. Le maçon retrouva sa femme dans une école abandonnée près de Tuzla avec des centaines d'autres réfugiés de Srebrenica. L'école était l'une des dizaines de bâtiments qui avaient été transformés en habitations pour les réfugiés autour de la ville.

Les retrouvailles furent douces-amères. Le plus jeune fils d'Omer avait réussi à échapper aux soldats serbes à Potocari et à grimper dans le bus avec sa mère. Mais Medin, dix-sept ans, n'eut pas cette chance. Les soldats l'avaient arraché à sa mère et l'avaient forcé à rejoindre les hommes qui plus tard seraient être interrogés puis tués.

5

Les soldats de la paix hollandais quittèrent leur base de Potocari le 21 juillet 1995. A Zagreb, deux jours plus tard, le Prince héritier Willem Alexander des Pays-Bas et les huiles militaires du pays donnèrent une fête pour les soldats. Un orchestre de quarante-deux musiciens joua des airs de Glenn Miller. Lors d'une conférence de presse, les autorités hollandaises, dans un discours qui n'était pas sans rappeler les points de presse officiels de la guerre du Vietnam, rejetèrent toute critique à l'encontre de leur gouvernement et surtout de leurs troupes qui avaient été basées à Srebrenica. Elles finirent par concéder qu'il y avait eu des rumeurs selon lesquelles les Bosno-serbes avaient exécuté des réfugiés près de la base et le long de la route qui mène à Tuzla.

Le commandant hollandais à Srebrenica, le colonel Thomas Karremans, déclara aux journalistes que l'attaque serbe de l'enclave avait été « une opération militaire brillamment préparée ». Il ajouta que le général Ratko Mladic était un chef très intelligent « mais pas un gentleman ». Les troupes de Mladic, expliqua-t-il, s'étaient emparé des postes d'observation hollandais un à un – en utilisant des tirs de tanks dirigés avec précision pour qu'ils tombent assez près pour effrayer les Hollandais mais pas assez pour les tuer. « Les Serbes ont fait ça de façon très ingénieuse », dit-il, « c'était digne de Pac-Man. »

Le Colonel Karremans oubliait de dire que pendant le siège, les Serbes avaient aussi volé des véhicules blindés de transport de troupes, des armes et, dans certains cas, des uniformes et des bérets bleus aux Hollandais et qu'au moins un soldat de la paix avait été contraint d'accompagner les Serbes lors de l'une de leurs « chasses aux Musulmans». Il ne mentionna pas non plus que ses hommes avaient été les témoins de violences et qu'ils avaient trouvé les corps d'hommes exécutés sommairement près de la base de l'ONU ou encore que son commandant adjoint avait signé, le 17 juillet, une déclaration qui disait que l'évacuation des Musulmans avait été menée selon «les lois humanitaires internationales».

Deux jours après cette conférence de presse, le Tribunal international de la Haye dressa un portrait un peu plus accablant de Ratko Mladic et de son supérieur civil, Radovan Karadzic. Lors d'une audition publique, le tribunal accusa les deux hommes d'avoir commis des crimes de guerre plus tôt dans le conflit. Le tribunal insista en particulier sur leur rôle lors des bombardements de civils à Sarajevo, où moururent dix mille personnes en trois ans et demi de siège. Parmi les délits figurant dans l'acte d'accusation, se trouvait le plus abominable de tous les crimes commis par l'Etat : le génocide. C'était la première fois depuis Nuremberg qu'un tribunal inculpait les plus hauts dignitaires civils et militaires d'actes de génocide.

En qualifiant de génocide le meurtre à grande échelle des Musulmans, le tribunal exprimait l'idée que les deux leaders bosno-serbes n'étaient pas seulement engagés dans une quête de territoire, mais qu'ils voulaient aussi détruire – ou du moins éliminer – une grande partie de la population musulmane en Bosnie. Le tribunal se basait sur le texte de l'article II de la «Convention sur la prévention des crimes de génocide», adoptée par les Nations unies le 9 décembre 1948. La convention qualifie de génocide «tout acte commis dans l'intention de détruire, entièrement ou en partie, un groupe national, ethnique, racial ou religieux. Sont considérés comme actes de génocide le fait de tuer, de causer des douleurs physiques ou mentales, d'infliger délibérément à un groupe des conditions de vie telles qu'elles ont pour conséquence inévitable sa destruction physique dans son entier ou en partie, d'imposer des mesures de limitation des naissances dans le groupe et de transférer par la force des enfants d'un groupe à un autre.»

Bien que le «nettoyage ethnique» des Musulmans puisse difficilement être comparé à l'ampleur des moyens employés par Hitler pour exterminer les Juifs pendant le Seconde guerre mondiale, le tribunal maintint que les meurtres délibérés et systématiques de civils, fondés sur leur appartenance ethnique, ainsi que l'existence de camps de prisonniers, la campagne de tirs contre les civils à Sarajevo, le bombardement des villes et des villages, la déportation en masse des Musulmans et enfin la destruction systématique de leurs biens culturels, justifiaient l'emploi du terme de génocide dans le conflit bosniaque. Ce que les Serbes voulaient accomplir en Bosnie avait toutes les caractéristiques des meurtres collectifs d'Amin Dada en Ouganda dans les années soixante-dix ou du massacre dans les années quatre-vingt des Kurdes par Saddam Hussein.

L'équipe de procureurs du tribunal avait tout d'abord eu à sa tête un juriste sud-africain extrêmement respecté, Richard Goldstone; en octobre 1996, il fut remplacé par un juge canadien, Louise Arbor. Goldstone avait réparti son équipe, constituée principalement d'avocats et d'enquêteurs de police, en neuf groupes d'investigation. Chaque équipe était assignée à un territoire précis de l'ex-Yougoslavie, par exemple la ville de Vukovar ou celle de Srebrenica, ou à un suspect spécifique ou encore à un groupe de suspects. Onze juges de onze pays différents présidaient le tribunal. Contrairement à Nuremberg, on ne pouvait pas condamner par contumace ni infliger la peine de mort. En plus des deux leaders bosno-serbes, le tribunal avait inculpé de crimes de guerre des dizaines d'autres hommes, dont le major Veselin Sljivancanin et deux autres officiers de la APY qui étaient accusés d'être responsables des tueries collectives de la ferme d'Ovcara.

Ses partisans avaient vu dans la cour un instrument crucial qui mettrait fin au cycle de violences ethniques et de vengeances que des leaders politiques avaient créé dans des pays comme le Rwanda ou l'ex-Yougoslavie. En établissant des culpabilités individuelles, les procès aideraient à dissiper la notion de responsabilité collective dans les crimes de guerre et les génocides. «Dans une grande majorité de leur histoire, les Croates, les Serbes et les Musulmans ainsi que les Tutsis et les Hutus ont vécu dans une paix relative – et cela se passait encore de façon relativement douce jusqu'à récemment», raconta Richard Goldstone au journaliste du *New Yorker*, Lawrence Weschler, en 1995. «Une telle violence interethnique est souvent alimentée par des individus spécifiques qui veulent en tirer des avantages politiques et matériels immédiats, et qui ensuite invoquent d'anciens griefs non satisfaits. Mais les actes de violence qui en résultent ne sont pas le fait du groupe entier. Des individus spécifiques portent la majeure part de la responsabilité, et ce sont eux, et non le groupe dans son ensemble, que l'on doit prendre en compte, à travers une présentation et une évaluation des preuves honnêtes et méticuleusement détaillées, pour que, précisément, la prochaine fois, personne ne puisse déclarer que tous les Serbes ont fait ceci – ou tous les Croates ou tous les Hutus –, pour que les gens puissent enfin voir comment certains individus de leur communauté s'évertuent continuellement à les manipuler de cette manière. Je crois vraiment que c'est seulement de cette façon que le cycle pourra être interrompu.»

Dans les mois qui suivirent la chute de Srebrenica, les enquêteurs du tribunal ainsi que quelques journalistes intrépides jouèrent un rôle clef en attirant l'attention du monde entier sur les crimes commis dans l'est de la Bosnie. Le 10 août, après des semaines d'articles et d'éditoriaux implacables au sujet de l'incapacité de l'occident à protéger Srebrenica, Madeleine Albright, alors ambassadrice des Etats-Unis auprès des Nations unies, présenta au Conseil de sécurité de l'ONU la première preuve matérielle de ce qui était peut-être arrivé aux hommes à Srebrenica. Elle distribua plusieurs photos satellite montrant de grands monticules de terre récents près du village de Nova Kasaba. Les monticules n'étaient pas là quand les avions espions et les satellites avaient survolé le site juste après la prise de Srebrenica, le 11 juillet, mais ils étaient apparus sur les photographies prises quelques jours plus tard.

Les photos satellite déclenchèrent une frénésie de tentatives de localisation des charniers parmi les reporters qui couvraient le conflit bosniaque. Une équipe de journalistes de la télévision française chargea même un quatre-quatre de pioches et de pelles et se dirigea vers le front avant d'être refoulée à un poste de contrôle serbe. Mais, parmi les nombreux journalistes qui tentèrent et échouèrent, un revint chez lui avec un récit qui lui valut le prix Pulitzer.

A vingt-huit ans, David Rohde était l'un des plus jeunes correspondants étrangers à couvrir la guerre. Son diplôme de la Brown University en poche, il avait travaillé au *Philadelphia Inquirer*, puis avait rejoint le *Christian Science Monitor* début 1994. En novembre, le journal l'envoya dans les Balkans. Le 16 août 1995, les Bosno-serbes lui donnèrent l'autorisation d'entrer dans leur territoire et de se rendre directement à Pale, dont ils avaient fait leur capitale. Parti avec une copie par fax de la photo espionne de la fosse suspecte, il prit la route de Pale mais s'arrêta avant à Nova Kasaba. « Après avoir cherché pendant deux heures, écrivit-il plus tard, j'ai trouvé des tas de terre fraîche retournée, deux caisses de munitions vides, des documents d'une réunion du conseil municipal de Srebrenica, un diplôme d'école élémentaire portant un nom musulman et enfin une jambe humaine en décomposition. »

A Tuzla, Rohde localisa les neuf réfugiés de Srebrenica qui avaient survécu aux exécutions collectives. Trois des hommes s'étaient cachés sous les corps de leurs camarades moins chanceux et s'étaient enfuis plus tard vers le territoire musulman. Il retrouva également le frère du propriétaire du diplôme.

En octobre, Rohde pénétra à nouveau dans le territoire serbe mais, cette fois-là, sans autorisation, et découvrit deux nouveaux sites d'exécution. « Sur le premier, il y avait trois cannes et un tas de vêtements civils à une centaine de mètres de ce qui semblait être deux charniers récemment creusés, ce qui corroborait le récit des survivants sur le meurtre des vieillards et des civils», écrit-il dans son récit de la chute de Srebrenica, *Endgame*. «Sur le second site, des os humains gisaient à côté d'une digue en terre confirmant une fois de plus les témoignages des rescapés sur les exécutions.» Mais avant même de pouvoir photographier les os, il fut arrêté par un garde bosno-serbe. Il resta en prison pendant dix jours et fut menacé d'être accusé d'espionnage. Il ne fut libéré que quand l'administration Clinton et le comité de protection des journalistes firent pression sur les Serbes.

Les découvertes de Rohde le long du «Sentier de la Vie et de la Mort», les photos satellite américaines et les témoignages des survivants recueillis par les enquêteurs du tribunal à Tuzla incitèrent la cour internationale à inculper le 16 novembre Karadzic et Mladic de génocide. Bien que Richard Goldstone suspectât qu'il y avait probablement plus d'une dizaine de lieux d'exécution collective sur les collines autour de Srebrenica, son argumentation était fondée surtout sur une poignée de sites connus. L'un d'entre eux était le terrain de football près de Nova Kasaba que Rohde avait inspecté en août et où le 13 juillet, les soldat de la paix hollandais avaient vu des soldats serbes parquer des milliers d'hommes musulmans. Il y avait aussi une école et un gymnase près de la ville de Karakaj, où l'on disait que des hommes et des garçons avaient été détenus avant d'être emmenés par groupes de vingt environ vers des fosses voisines pour être exécutés. Le site le plus troublant était peut-être cet entrepôt à Kravica, où, d'après les récits des survivants, des centaines de Musulmans avaient été enfermés par des gardes armés pour être ensuite tués pour la plupart d'entre eux. Beaucoup le furent à l'intérieur de l'entrepôt, tandis que l'on tira sur les autres alors qu'ils tentaient de fuir vers les collines d'un côté et de l'autre de la route. «Pilica», un élevage de porcs situé à une centaine de kilomètres au nord de Srebrenica était également un autre site probable. Le 17 juillet, six jours après la chute de Srebrenica, un satellite espion avait photographié un ensemble de points sur la bordure d'un champ de blé. Une fois les photos agrandies et contrastées, les points se révélèrent être des corps humains – peut-être au moins plusieurs centaines. Les photos montraient également une tranchée récemment creusée et, à côté, un chargeur frontal et une pelleteuse.

La guerre en Bosnie prit officiellement fin le 14 décembre 1995 avec un bilan de dizaines de milliers de Bosniaques morts ou disparus et de plus de deux millions de réfugiés. Ce jour-là, les présidents bosniaque, croate et serbe s'étaient rencontrés à Paris et avaient signé un accord de paix à l'initiative des Américains, mettant fin à presque quatre années de guerre. L'accord de paix prévoyait le déploiement de soixante mille soldats de l'OTAN dont vingt mille soldats américains. De plus, pour garder les factions en guerre aux abois, la force multinationale plus connue sous le nom d'IFOR eut l'autorisation de faire prisonniers les criminels suspects et de les livrer au Tribunal de la Haye, mais à la condition que ses troupes se trouvent en contact direct avec les suspects ou que ceux-ci entravent le déploiement des forces multinationales.

L'accord de paix était une véritable aubaine pour les enquêteurs du tribunal. Ils pourraient enfin avoir plus facilement accès aux anciens camps de prisonniers et aux charniers, surtout dans les zones tenues par les Serbes. Cependant, les fonctionnaires de l'OTAN, de peur d'apparaître partiaux dans ce qui, selon eux, allait sûrement devenir un sujet explosf, prévinrent que les forces d'alliance assisteraient les enquêteurs où cela était possible, mais qu'elles n'assureraient pas la protection des charniers. Quand Goldstone aborda le problème avec le commandant de l'ONU en Bosnie, l'amiral Leighton W. Smith Jr., l'officier américain ne changea pas d'avis: «L'OTAN ne va pas, je répète, l'OTAN ne vas pas fournir de sécurité spécifique, ou en d'autres mots, garantir la sécurité des équipes qui enquêtent sur les charniers.»

6

Il faisait anormalement froid dans l'est de la Bosnie ce 2 avril 1996 au matin. Juste avant l'aube, une légère brume s'était installée au-dessus des forêts et des prés, ne laissant apparaître que les toits de tuiles rouges des fermes qui parsemaient les flancs de coteaux. Dans la banlieue de Kravica, près d'un entrepôt de couleur ocre, où les villageois stockaient leurs vivres, Bill Haglund s'agenouilla au bord d'un champ. La tête courbée et les épaules voûtées, le chercheur américain épousseta doucement les contours d'un squelette humain. Réprimant des reniflements dus à un gros rhume, il décrivit laconiquement et d'une voix enrouée les os et les fragments de vêtements, dans son magnétophone à mini-cassettes. D'après la position du squelette et la façon dont ses côtes avaient été fracturées, il conclut que le mort devait s'être sauvé de l'entrepôt, qu'il avait couru cinquante mètres ou plus à travers les champs et que lorsqu'il était arrivé près des coteaux boisés, il avait été surpris par un coup de feu. Pendant neuf mois, le corps était resté caché dans les hautes herbes et s'était lentement décomposé. Près des restes, sous une grande touffe d'herbe, une famille de souris avait creusé la terre et commencé à ronger les os.

Haglund était en Bosnie avec une équipe d'enquêteurs dirigée par un détective français, Jean René Ruez, du tribunal de la Haye. Quatre autres hommes faisaient partie de l'équipe, dont un spécialiste américain de médecine légale, John Gerns. Un détachement de soldats américains de l'IFOR assurait le transport et la sécurité du groupe.

Les enquêteurs avaient trouvé, grâce à des photos satellite, des témoignages de survivants et une sonde en métal d'un mètre vingt de long en forme d'énorme T, trois sites d'exécution et au moins quatre charniers. Une fois qu'un charnier suspecté – souvent dans un champ ou le long de la chaussée herbeuse d'une route – était localisé, Haglund et Gerns parcouraient lentement et à tour de rôle la zone avec leur sonde. Tous les mètres environ, l'un d'entre eux s'arrêtait et enfonçait la sonde d'un mètre ou plus dans la terre. Ce n'était pas un travail pour les esprits délicats ou les cardiaques. Après avoir doucement retiré la sonde de la terre, ils la retournaient et reniflaient l'extrémité de l'instrument. Les corps décomposés dégagent une odeur de méthane spécifique – si fétide et si suffocante qu'elle peut véritablement vous faire chanceler. Si la sonde entre en contact avec un cadavre ou la terre qui l'entoure, l'odeur reste sur son embout.

Haglund sortit de son sac à outils en toile une flèche en carton et la plaça près du squelette. Après avoir consulté sa boussole, il dirigea la pointe de la flèche vers le Nord. Trouver l'orientation du cops l'aiderait plus tard à le replacer dans le contexte de l'entrepôt et des autres restes humains trouvés en bordure du champ. Il plaça un numéro d'identification également en carton près du crâne, recula et photographia le squelette sous plusieurs angles. Puis il le recouvrit de ronces.

Haglund mit son sac et son appareil-photo en bandoulière, remonta le col de son anorak et traversa le champ enseveli sous la brume en direction de l'entrepôt. « C'était sinistre », se souvint-il. « Près du bâtiment, par terre, j'ai trouvé des dizaines de douilles et de goupilles de grenade. Je suis rentré à l'intérieur et, quand mes yeux se sont peu à peu habitués à l'obscurité, j'ai pu distinguer la silhouette de Gerns de l'autre côté du bâtiment. Il prélevait des échantillons de sang et de chair sur les murs en parpaings. Mis à part le raclement que faisait sa pelle de temps en temps, tout était extrêmement calme. Puis, tout à coup, le silence a été brisé par les cris aigus de cochons terrifiés. Je me suis retourné et, au centre du bâtiment, j'ai vu un enclos en bois. A l'intérieur, il y avait un couple de fermiers, des Serbes du village, qui tiraient des porcelets par leur pattes arrière.»

Neuf mois auparavant, près de l'endroit où Haglund avait bouché ses oreilles pour étouffer le cri des porcs, un fermier musulman de cinquante-et-un ans, Hakija Husejnovic, était assis avec quelques amis. Comme il le raconta plus tard au journaliste David Rohde, les soldats serbes l'avaient capturé lui et des centaines d'autres Musulmans alors qu'ils tentaient de fuir sur la route de Tuzla. Les hommes furent emmenés à l'entrepôt où on leur dit qu'on allait les interroger puis les envoyer dans des camps de prisonniers. «Postés devant les fenêtres et les portes, écrit Rohde, les Serbes ouvrirent soudain le feu puis lancèrent des grenades dans l'entrepôt. Ce fut un chaos généralisé. Les hommes se mirent à hurler quand ils réalisèrent qu'ils étaient pris au piège. D'autres crièrent quand des éclats d'obus et des balles les transpercèrent. Les quelques hommes qui, après avoir enjambé les piles de corps, avaient réussi à sortir, furent immédiatement fauchés. Le bruit des grenades à main et des grenades autopropulsées explosant à l'intérieur du bâtiment était assourdissant. Les corps furent pulvérisés. Du sang et des bouts de chair cramoisie éclaboussèrent les murs en parpaings gris. Des gros morceaux de squelette et de cerveau s'élevèrent à cinq mètres dans les airs et vinrent se coller au plafond.»

Husejnovic survécut au massacre de Kravica en tirant des corps au-dessus de lui. A un certain moment, les Serbes amenèrent un bulldozer à l'intérieur de l'entrepôt pour ramasser les corps mutilés et les jeter dans des camions. Husejnovic sentit l'angoisse monter au fur et à mesure que le bulldozer s'approchait de sa cachette, mais par chance, la machine s'arrêta pour la journée à quelques mètres de lui. Cette nuit-là, après le départ des ouvriers, Husejnovic et un autre homme, leurs cheveux et leurs vêtements trempés de sang, se glissèrent dehors et fuirent vers l'Ouest en direction de Tuzla.

A la Haye, Jean René Ruez raconta ses découvertes à Goldstone et à ses employés supérieurs. Il y avait bien trop de charniers – peut-être des dizaines – dans la région de Srebrenica, pour qu'on puisse les exhumer en une «saison d'excavations». Mais si on trouvait des fonds, une équipe d'experts légistes – à partir du moment où elle était assez importante et bien équipée – pourrait exhumer au moins quatre sites en Bosnie, en plus de celui d'Ovcara à l'est de la Croatie, avant la chute des première neiges. Ce serait un travail de titan, avec son lot de cauchemars logistiques et diplomatiques mais cela était envisageable.

Mais pourquoi fallait-il ouvrir les charniers? Du point de vue des preuves, identifier les cadavres et déterminer la cause de leur mort pourrait aider à corroborer les récits de la poignée d'hommes qui, comme Hakija Husejnovic, avaient miraculeusement survécu aux exécutions. Il fallait également dresser un compte rendu historique exact. Très peu de temps après la publication dans la presse des photos satellite, les Bosno-serbes avaient en effet déclaré que les hommes qui avaient fui Srebrenica étaient morts au combat et qu'ils étaient loin d'être les innocents civils que leurs familles avaient décrits. Enfin, du point de vue humanitaire, les familles des disparus sauraient enfin le destin de leurs être chers et pourraient leur offrir une sépulture convenable.

Le gros du travail d'exhumation dans les Balkans devait échouer sur les épaules d'Andrew Thomson. A trente-trois ans, ce grand Néo-zélandais affable, avait vu son lot de zones de guerre. Après avoir obtenu son diplôme de médecine à l'université d'Auckland, il avait travaillé pour l'ONU et le CICR en Thaïlande, au Cambodge, en Iran, en Irak et en Haïti. En juillet 1995, il avait été appelé par Goldstone pour mettre en place et coordonner une enquête médico-légale sur les charniers au Rwanda, où les extrémistes Hutus avaient massacré plus de cinq cent mille Tutsis et Hutus modérés d'avril à juillet 1994. La première excavation au

Rwanda devait commencer sur les terres d'une église catholique romaine dans la ville de Kibuye au début du mois de décembre 1995.

Thomson faisait équipe avec l'une des assistantes de Goldstone, Sheila Berry, officier du «Foreign Service» détachée au tribunal par le Département d'Etat américain. Berry faisait la navette entre la Haye et Bruxelles, où elle persuada l'Union européenne de faire un don de plus d'un million de dollars pour les recherches au Rwanda. Pendant ce temps, Thomson commençait à s'organiser à Kibuye. Il obtint des « Physicians for Human Rights » l'assurance qu'ils enverraient des experts légistes pour excaver le site et nomma deux Anglais, Geoff Bucknall et Carl Rhodes, pour s'occuper de la logistique.

Après huit semaines d'excavation, 493 corps avaient été exhumés sur les terres de la paroisse de Kibuye. Plus de la moitié des victimes étaient des nourrissons et des enfants mineurs qui avaient succombé à ce que les anatomo-pathologistes appellent «trauma dû à un instrument contondant ou tranchant», c'est-à-dire à des coups de matraque, de machette ou des deux à la fois sur la tête.

Avec le recul, Thomson pense que l'excavation de Kibuye, bien qu'épuisante, avait été menée sans encombres, en comparaison de ce qui les attendait en Bosnie et en Croatie. «Au Rwanda, nous avions eu six mois pour organiser une seule exhumation. Mais, dans les Balkans, on avait tout juste un mois pour en organiser cinq, situées à des centaines de kilomètres les unes des autres. Et nous n'avions pas d'argent. Ni d'infrastructures. Pas même un seul véhicule. Pour ne rien arranger, l'IFOR avait annoncé qu'elle ne déminerait pas ni même ne protègerait les fosses et les premières neiges allaient arriver quelques mois plus tard. Cela semblait irréalisable.» Heureusement, l'ambassadrice américaine à l'ONU, Madeleine Albright, avait visité le site de Kibuye et avait été impressionnée par le travail accompli. En conséquence, le Département d'Etat américain avait donné un million de dollars aux «Physicians for Human Rights » pour les exhumations à venir. Malheureusement, l'argent mit des mois à se frayer un passage à travers la bureaucratie de l'ONU à New York et à arriver dans les coffres de l'organisation.

A la fin du mois de mai, Haglund et son adjoint, un anthropologue péruvien du nom de José Pablo Baraybar, ainsi que Thomson et l'équipe logistique arrivèrent à Zagreb. Leur première exhumation devait commencer au début du mois de juillet dans l'est de la Bosnie, sur un site proche du village de Cerska. Haglund dressa la liste des équipements dont il avait besoin pour la morgue et la donna à Bucknall, pendant que Rhodes circulait parmi les membres de l'ONU et des ONG à la recherche de véhicules à emprunter. Au même moment, le bureau de Boston des «Physicians for Human Rights» commença à recontacter les scientifiques de son équipe du Rwanda. La plupart signèrent pour la mission en Bosnie sans l'ombre d'une hésitation.

Au début du mois de juillet, les fonds n'étaient toujours pas arrivés à Boston et l'organisation avait commencé à piocher dans ses réserves pour payer les salaires de ses scientifiques et leurs billets d'avion. De retour à Zagreb, les deux Anglais avaient dépensé plus de six cent mille dollars en équipements et en véhicules, dont deux Land Rovers blindées, six containers frigorifiques, un camion à eau et une pelleteuse. Ils firent même l'acquisition d'un «camion DROPS», spécialement conçu pour transporter les containers frigorifiques.

Les mines anti-personnelles continuaient à poser de sérieux problèmes aux enquêteurs en Bosnie. Contrairement à une bombe ou à un obus d'artillerie qui explosent habituellement quand ils approchent ou touchent leur cible, une mine anti-personnelle est faite pour rester en sommeil jusqu'à ce qu'une personne, un véhicule ou un animal déclenche son mécanisme de mise à feu. Ces mines sont de véritables armes aveugles: elles ne font pas la distinction entre un soldat et une vieille femme qui ramasse du bois. Pendant la guerre en Bosnie, ces mines ainsi que les AK-47 et les tirs isolés étaient devenus des armes de choix pour les factions en guerre. Mais, en dépit de la législation internationale, peu de cartes des champs de mines, si ce n'est aucune, existaient en Bosnie, et au moins trois millions de mines en sommeil étaient disséminées sur le bord des routes et des ruisseaux et dans les décombres des bâtiments. On avait même poussé le vice jusqu'à relier certaines d'entre elles à des poignées de porte ou à des loquets de fenêtre à l'intérieur des maison abandonnées.

Ces mines, tout comme les franc-tireurs, effrayaient particulièrement les commandants de l'IFOR en Bosnie, à tel point qu'ils refusèrent résolument de déminer les sites probables de charniers. Toutefois, juste quelques jours avant le début programmé des excavations à Cerska, une association humanitaire de déminage, « The Norvegian People Aid », accepta d'envoyer des chiens anti-mines sur le site. Pendant plusieurs heures, le matin du 7 juillet 1996, les chiens passèrent en reniflant parmi les broussailles. Une fois la zone déclarée sûre, Geoff Bucknall conduisit la pelleteuse sur le site et enleva la première couche de terre de la fosse de Cerska.

Il restait aux experts légistes à régler le problème de la sécurité des sites pendant le jour et la nuit. Les commandants de l'IFOR en Bosnie – craignant « la sale besogne » ou de se laisser dépassés par des missions sans fin – refusèrent de faire garder les sites. Ils acceptèrent seulement de fournir « la sécurité de la zone » pour les enquêteurs pendant la journée mais, une fois les scientifiques partis du site (normalement avant le coucher du soleil), les troupes de maintien de la paix se retiraient également.

Cela posait un grave problème à la fois au tribunal de la Haye et aux enquêteurs sur le terrain. La conservation et le maniement des preuves matérielles sont cruciaux dans tout procès criminel. Les pièces à conviction doivent être conservées avec précaution ainsi que le nom de tous ceux qui les possèdent, manipulent ou archivent. En Bosnie, où les fosses se trouvaient sur un territoire occupé par les présumés coupables, on courait le danger qu'ils cherchent à saboter les preuves. Ou que les fosses soient piégées.

Devant la position de l'IFOR, Bill Haglund et son collègue américain, John Gerns, décidèrent qu'ils n'avaient pas d'autre choix que celui de dormir sur le site. «Une fois qu'on a trouvé la combine, ce n'était pas si terrible», se souvint Haglund. «La première nuit, nous nous étions installés dans la Land Rover. Mais John ronflait donc nous avons décidé qu'il dormirait dehors. Bon, ça n'a pas marché parce qu'il pleuvait. Heureusement, le lendemain, le camion DROPS est arrivé avec un container. John a pris un lit de camp et s'est préparé une petite chambre dans le container et je me suis installé dans la voiture, sur le siège arrière.»

Les deux enquêteurs tombèrent rapidement dans une sorte de routine. Tous les deux ou trois jours, ils faisaient une pause et se rendaient à la base américaine Camp Lisa pour prendre une douche puis retournaient sur le site. Le soir, quand le soleil disparaissait, ils s'asseyaient près du trou et mangeaient des « plats tout préparés», version militaire américaine moderne de ce qu'on appelait autrefois les rations «K».

Des bûcherons passaient de temps en temps le long de la route sur un chariot tiré par des chevaux mais ils ne semblaient pas prêter beaucoup d'attention aux deux hommes.

« Ce n'était pas mal d'une certaine façon », dit Haglund. «Après le départ de l'équipe, John et moi, nous continuions à travailler pendant encore deux heures. Et le matin, nous commencions à travailler avant l'arrivée des autres. De cette façon, les corps étaient numérotés et prêts à partir.»

Lecteur vorace et petit dormeur, Haglund avait une cachette de livres aux couvertures tachées et écornées sous le siège du passager de la Land Rover. Juste avant la tombée de la nuit, quand il y avait encore assez de lumière, il sautait dans son sac de couchage, allumait un cigare et ouvrait un bon polar.

Pendant les trois mois suivants, sous un soleil brûlant, Haglund et son équipe exhumèrent quatre charniers dans l'est de la Bosnie. Cerska, le premier, contenait cent cinquante corps – pour la plupart les yeux bandés et les mains attachées derrière le dos avec du fil de fer barbelé. A la mi-août, l'équipe se rendit à Nova Kasaba, où des centaines de Musulmans avaient été parqués sur un terrain de football. Seuls 36 corps furent retirés des quatre fosses – beaucoup moins que prévu. En se basant sur les photos satellite, la CIA avait calculé que les fosses pouvaient contenir jusqu'à six cents corps. Mais elle avait mal interprété les « traces en surface » dues aux bulldozers, qui faisaient paraître les fosses plus grandes qu'elles ne l'étaient en réalité. Comme dans la fosse de Cerska, la plupart des corps avaient les yeux bandés et les mains attachées derrière le dos, à la différence près qu'à Nova Kasaba, le fil de téléphone semblait avoir eu la préférence.

La troisième fosse, près du hameau de Lazete, contenait 164 corps. Près du site, les ouvriers trouvèrent des morceaux de tissus qui avaient été découpés dans des nappes ou des rideaux. Quand ils commencèrent à remonter les corps de la fosse, ils découvrirent que ce matériau avait servi à bander les yeux des victimes.

Du point de vue de l'accusation, la fosse de Lazete était particulièrement importante car il y avait au moins trois hommes musulmans survivants qui avaient été témoins de l'exécution. L'un d'eux, un charpentier de 55 ans, Hurem Suljic, raconta à David Rohde ce qu'il avait vu pendant la nuit du 13 juillet 1995. La veille, lors de la chute de Srebrenica, Suljic, invalide, était allé avec sa famille à Potocari. Vingt-quatre heures plus tard, les soldats serbes l'avaient fait monter de force, lui et des centaines d'autres hommes, dans des bus et les avaient conduits d'abord jusqu'à la ville de Bratunac, puis dans un gymnase près de Lazete. Vers dix heures, ce jour-là, les soldats avaient poussé Suljic et environ vingt autres hommes dans un camion et les avaient emmenés sur un champ. Quand il était descendu du véhicule, il avait vu des tas de corps en rangées sur le sol. A côté, un bulldozer était en train de creuser un grand trou. Quand les coups de feu avaient commencé, Suljic s'était laissé tomber à terre et s'était caché derrière plusieurs corps. Plus tard, il s'était faufilé jusqu'à la bordure du champ et s'était enfui dans la nuit.

Le témoignage de Suljic était important non seulement parce qu'il avait été le témoin du massacre, mais aussi à cause des deux hommes qu'il avait vus dans le champ cette nuit-là. Vers vingt heures, une voiture rouge avait gravi la route de graviers et s'était arrêtée en bordure du champ, raconta-t-il. Deux officiers serbes en étaient sortis. Suljic avait immédiatement reconnu l'un des deux. C'était le général Ratko Mladic.

Le 2 août en fin de matinée, une semaine avant le début supposé de l'exhumation de la fosse d'Ovcara, Bill Haglund arrêta sa Land Rover au bord d'un ravin boisé et commença immédiatement à pousser des jurons. Il était accompagné de Becky Saunders, l'archéologue de Louisiane qui avait aidé Clyde Snow et moi-même à creuser une tranchée en travers du site en décembre 1992. Betty se prit la tête entre les mains et frappa le sol de rage. Elle n'eut qu'un mot devant la scène : « Merde ». Les deux scientifiques américains commencèrent à marcher à travers l'étendue de terre nue qui s'étirait telle une demi-lune à l'extrémité du ravin. De larges traces de roue laissées par un véhicule lourd zébraient le sol sous leurs pieds.

« C'est incroyable ! » dit Saunders d'une voix tremblante de colère. « Tout a été rasé. Les acacias. Ils ont disparu ! Tout a été effacé ! » Dans un va-et-vient incessant, elle chercha les piquets qu'elle avait laissés pour délimiter les contours de la fosse. Mais il n'y avait plus rien, même pas une seule douille. Tout avait été déplacé ou enterré sous les énormes chenilles de fer d'un véhicule de déminage de vingt tonnes qui avait manœuvré sur le site la veille.

Encore un bel exemple de déploiement de force inutile. Après que Snow eut découvert la fosse en octobre 1992, la Forpronu l'avait entourée de barbelés et avait posté des soldats de la paix russes pour la garder. Au printemps 1996, quand le mandat de l'ONU avait changé de main en Croatie de l'est, les troupes jordaniennes de l'ONU avaient remplacé les Russes. Puis, le 7 mai 1996, le tribunal envoya une lettre au nouvel administrateur de l'ONU à Vukovar, le général Jacques Klein, réclamant que la fosse et ses environs soient déminés. Personne n'avait pensé à vérifier s'il était vraiment nécessaire d'inspecter le site lui-même. Quand la lettre arriva sur le bureau du général Klein, l'Américain la prit très au sérieux et, contrairement à ses homologues moins disposés de l'IFOR en Bosnie, il ordonna à ses hommes, qui avaient un détecteur de mines sud-africain sous la main, d'inspecter le site: ils avaient tout détruit sur leur passage.

Peu après l'incident, je téléphonai à Snow pour lui raconter ce qui était arrivé. La ligne téléphonique grésilla pendant les dix minutes qu'il passa à faire des commentaires sur la bonne réputation du tribunal. Puis, il s'arrêta. «Bon, dit-il avec un gloussement, le tribunal n'est-il pas justement en train de chercher un général à arrêter pour crimes de guerre?»

«Si», répondis-je.

«Bon, maintenant, ils peuvent arrêter le général Klein pour obstruction à la bonne marche de la justice.» Heureusement pour tout le monde, Saunders avait dressé une carte détaillée du site en 1992, avec toutes les données topographiques. Une fois qu'elle eut localisé la zone approximative où nous avions creusé la tranchée à l'époque, elle fit avec les autres ouvriers des coupes jusqu'à ce qu'ils trouvent un changement de couleur dans le sol. Ils savaient que la terre qui est remise dans un trou a une couleur légèrement différente de celle qui l'entoure. Ayant trouvé les contours de la tranchée originale, elle les suivit jusqu'à leur extrémité. Un sourire apparût sur son visage quand sa pelle heurta un morceau de plastique sombre. Puis, alors que ses aides se rassemblaient autour d'elle, elle remonta deux grands sacs de plastique noir. Juste par acquis de conscience, elle ouvrit l'un des deux sacs et poussa un grand soupir. A l'intérieur, il y avait un tas d'os couverts de boue. En travers du haut du crâne, il y avait écrit au marker noir «Ovcara 1».

7

Les enquêteurs des Balkans durent faire face à un problème important, typique de ce genre de situation: seuls les victimes et les bourreaux savaient qui était enterré dans les fosses. Or, les premières étaient mortes et les seconds murés dans le silence. Mais tous les meurtriers – qu'ils agissent seuls ou en groupe – ont un point commun: ils se laissent piéger par leur propre égotisme et sèment des indices matériels qui, quand ils sont recueillis, préservés et analysés avec soin, sont aussi accablants qu'une confession signée oubliée dans la fosse.

Chaque matin, vers neuf heures, des camionnettes et des camions de l'ONU amenaient sur chacun des sites faisant l'objet d'une enquête en Bosnie et en Croatie des experts et des enquêteurs du tribunal. Après avoir enfilé combinaison et bottes de caoutchouc, les enquêteurs enlevaient les bâches posées la nuit précédente sur les corps puis allaient prendre leurs outils rangés dans un des containers: des pelles, des sceaux en plastique remplis de truelles (les truelles « Marshall Town » sont les meilleures, comme vous le dira n'importe quel archéologue qui connait son métier), des brosses de toutes tailles et formes, de la ficelle, des petits sacs en plastique pour recueillir les pièces à conviction, des petits fagnons rouges, des centimètres, des cuillères et même des baguettes (pour atteindre les endroits difficiles). Les archéologues descendaient ensuite dans les trous sombres et s'installaient chacun dans son coin. C'était comme s'ils avaient traversé un miroir pour pénétrer dans un monde créé par Hieronymus Bosch.

Entièrement dévoués à leur mission, les enquêteurs trouvaient ces exhumations beaucoup plus difficiles, physiquement et émotionellement, que toutes celles qu'ils avaient pu faire auparavant. «C'est quelque chose de nouveau pour chacun d'entre nous», me dit Haglund. «Les archéologues sont habitués à déterrer beaucoup de squelettes mais l'exhumation de corps en décomposition dans des situations telles que celle-ci pose de nouveaux problèmes et nous oblige à trouver de nouveaux moyens de les résoudre.»

Les fosses de Croatie et de Bosnie étaient différentes de la plupart des sites que les experts avaient connus dans leurs pays respectifs. Tout d'abord, elles étaient plus grandes et contenaient plus de corps. En conséquence, beaucoup de corps, surtout vers le fonds des fosses, étaient assez bien conservés. La fosse d'Ovcara avait été creusée cinq ans plus tôt et celles des alentours de Srebrenica, juste un peu plus d'un an auparavant. Un corps peut vite se décomposer s'il est placé en surface ou enterré juste en dessous. Mais, plus profondément il est enterré (si les conditions du sol sont bonnes), plus longtemps il restera préservé. C'est particulièrement vrai si la fosse est proche d'une nappe phréatique, ce qui était le cas pour la plupart des charniers de Croatie et de Bosnie.

Au début du mois d'octobre, le moral parmi les travailleurs était au plus bas. Certains des hommes n'avaient pas cessé, depuis le mois de juillet, de travailler dans des conditions éprouvantes. Mais le mécontentement était en grande partie dû à l'attitude même de Haglund. Celui-ci était de plus en plus obsédé par les fosses, à un tel point qu'il lui arrivait très souvent d'oublier de se changer pendant plusieurs jours. Des fragments d'os et des bouts de chair avaient trouvé refuge sous les ongles de ses doigts. On lui avait ordonné, une fois au moins, de quitter le mess d'une des bases américaines tant il empestait. Certains archéologues se plaignaient de la façon dont il rejetait régulièrement leurs idées. Débordé et épuisé, il tenait absolument à ce que les exhumations se passent de la façon dont il l'avait décidé: «Je sais maintenant comment on doit ouvrir ces fosses. Je vois très bien comment les corps doivent sortir. Je vois très bien comment cela doit être fait. Et c'est moi qui dois aller témoigner devant la Cour. C'est moi qui dois sortir les corps et les voir quand ils sont tous là, de façon à comprendre le mieux possible car je devrai l'expliquer. Donc, quand je ne suis pas là, je veux que [les archéologues] numérotent les corps et qu'ils les photographient. Je veux qu'ils nettoient les corps jusqu'à mon retour, puis nous les sortirons ensemble car je ne veux pas qu'ils les sortent quand je ne suis pas là.»

Quand je confrontai Haglund à certaines des critiques de ses collègues, il les repoussa en disant qu'il savait bien qu'il était un «malade du contrôle» et qu'«ils n'allaient pas en mourir».

Un autre facteur contribuait à créer un sentiment de malaise parmi certains archéologues, surtout chez les latino-américains : il s'agissait de l'absence des familles des victimes sur les sites. Comme les fosses des Balkans étaient situées sur des territoires tenus par les Serbes, l'ONU craignait que la présence des familles croates ou musulmanes ne mette en danger à la fois les familles elles-mêmes et les enquêteurs. C'était un point de vue compréhensible mais qui en fin de compte déshumanisait le processus d'exhumation des fosses.

En regardant Haglund et les autres experts lutter pour sortir les corps des trous, je me suis souvenu que l'atmosphère était bien différente sur les sites d'Amérique latine ou du Kurdistan. Les premiers jours d'une exhumation, les membres de la famille, qui avaient entendu parler de notre travail par la presse ou par des associations de défense des droits de l'homme, se groupaient près des fosses. Au début, ils n'avaient souvent aucune envie de parler aux experts – et les archéologues reconnaissaient eux-mêmes combien il était important de laisser les parents s'approcher à leur propre allure et de la façon dont il voulaient. Immanquablement, après un jour environ, un groupe de femmes s'approchait plus près. Une veuve montrait alors par exemple une photo de son mari disparu et racontait leur première rencontre et leur mariage. De tels échanges étaient extrêmement importants émotionellement pour les familles des disparus. Pendant des années – et même des décennies –, les militaires, la police et la justice leur avaient dénié le droit d'être informées sur leurs êtres chers. Là, devant les experts dont l'unique but était d'établir la vérité, elles commençaient à regagner une sorte de contrôle, à fermer la porte aux faux espoirs et à pouvoir éprouver du chagrin.

Je me suis souvenu d'un incident exemplaire qui avait eu lieu en mars 1984 en Argentine. Clyde Snow et moi-même, aidés de quatre membres de l'Equipe de recherche argentine en médecine légale, dont Mimi Dorresti, exhumions une fosse banalisée dans un cimetière près de la station balnéaire de Mar de Plata. A la fin de la journée, on avait sorti un squelette d'adulte mâle et certains de ses traits idiosyncratiques suggéraient qu'il s'agissait des restes d'un homme de vingt-huit ans que nous recherchions alors, Nestor Fonseca.

Mimi fut la première à remarquer une jeune femme blonde en veste beige et en jeans, à côté de la fosse. La femme fit signe à Mimi qui posa son sceau et s'approcha d'elle. Elles échangèrent quelques mots. Puis, Mimi revint vers nous et s'allongea par terre à côté de ses collègues. Cette femme, expliqua-t-elle, était la veuve de Nestor Fonseca et désirait voir ses restes. Ne sachant quelle décision prendre, nous envisageames toutes les possibilités et arrivâmes à la conclusion que c'était à l'épouse de décider si elle voulait ou non voir les restes de son mari. Mimi se leva pour aller la chercher. Quand la femme s'agenouilla au bord de la tombe, Mimi lui expliqua comment nous savions qu'il s'agissait du squelette de son mari. Finalement, la femme se releva et, non sans efforts, chuchota: «Merci. Ce que vous faîtes est merveilleux.»

Dans les montages du Guatemala, ce n'étaient pas seulement les familles mais des villages entiers qui venaient sur les sites d'exhumation. Avant que les scientifiques ne commencent leur travail, les femmes des villages voisins s'agenouillaient près de la fosse et priaient pour les morts. Tout au long de la journée, elles préparaient

SCALO

→ Scalo

Mailing address for

■ **Europe and Asia**

Weinbergstrasse 22a

CH-8001 Zurich / Switzerland

■ **USA**

155 Avenue of the Americas

New York, N.Y. 10013

○ I would like to receive regular information about the Scalo list.
Please put me on your mailing list.

Additional remarks

....

....

....

....

....

....

....

....

→ Name

First Name   ....

Address   ....

City   ....

State   ....

ZIP   ....

Country   ....

Phone   ....

Fax   ....

des repas chauds pour les travailleurs et aidaient à remonter les sceaux de terre du trou. Le soir, les hommes du village quittaient leurs champs pour venir aider les scientifiques à recouvrir les fosses avec des bâches et à porter pelles et pioches au village.

Sur les sites des Balkans, il n'y avait aucun parent pour rappeler aux enquêteurs l'aspect humain de leur travail. Au fur et à mesure de la journée, les travailleurs perdaient la notion du temps et ne s'arrêtaient que de temps en temps pour siroter un café ou pour comparer leurs notes. Le travail était lent et douloureux. Dégager un corps à l'aide de truelles et de brosses, puis le photographier et cartographier son emplacement pouvait facilement prendre une demi-journée. Mais le sens du détail est la clef de tout travail médico-légal: «La perte d'une dent ou même de l'os d'un pied, répétait souvent Snow, comme un mantra, vous rend complice du crime.»

Les enquêteurs se servaient beaucoup des techniques de fouille archéologique. Par définition, les archéologues étudient les comportements humains, à des moments bien particuliers de l'Histoire, comme lors d'une célèbre bataille, ou sur des décennies et des siècles. Ils partent du principe qu'une grande partie du comportement humain suit des schémas immuables et que les objets ou fragments d'objet qui sont le fruit de ces comportements et qui nous restent suivent aussi des schémas. Ainsi, un groupe de chasseurs du néolithique peut s'être rassemblé sous un même arbre pendant des décennies pour affûter ou modeler de nouvelles lances. En conséquence, l'action répétitive de ciseler ou de fabriquer des armes de chasse serait visible dans les artefacts qu'ils nous ont laissés et dans leur disposition les uns par rapport aux autres et dans leur relation à la nature.

Reconstituer un comportement humain d'après les preuves matérielles revient à recoller les morceaux d'un puzzle multidimensionnel. Les morceaux peuvent être manquants, endommagés ou même camouflés, mais chaque morceau a sa place. Le défi est de trouver les fragments, de les reconstituer et de reporter sur une carte leur position exacte.

Les archéologues utilisaient traditionnellement des cordes et des piquets pour quadriller la zone qu'ils étudiaient. Les carrés servaient de points de repère pour « localiser les morceaux » des corps ou des artefacts et le positionnement de ces objets était ensuite enregistré sur une carte du site lors d'un procédé ennuyeux qui prenait un temps considérable. Mais tout a commencé à changer au milieu des années quatre-vingt avec l'introduction d'un système révolutionnaire de topographie électronique.

Melissa Connor et Doug Scott, couple également à la ville, appartenant tous deux à l'American National Park Service, furent parmi les premiers à adapter cette technologie à l'archéologie. En 1984, ils utilisèrent la cartographie informatisée pour reconstituer le massacre des 263 soldats et civils tombés avec le général George Armstrong Custer lors de la bataille de Little Big Horn, plus d'un siècle auparavant. En 1983, un fumeur inconscient avait jeté le mégot de sa cigarette par la fenêtre de sa voiture et avait mis le feu à l'herbe puis au champ de bataille. Quand toute la végétation eut disparu, les visiteurs du Monument national eurent la surprise de voir dépasser du sol des os humains, des cartouches et autres effets militaires. L'été suivant, Connor et Scott s'installèrent sur le champ de bataille avec leur détecteur de métaux et leur système de topographie électronique et localisèrent les morceaux d'artefacts et de restes. En combinant les récits historiques, les résultats de l'analyse des armes à feu et la localisation des artefacts, ils jetèrent un éclairage nouveau sur les événements et le comportement des soldats et de leurs assaillants à Little Big Horn.

Ce furent eux qui dirigèrent la cartographie de la fosse d'Ovcara. Ils utilisèrent un matériel de topographie qui comprenait un transmetteur et un ordinateur pour calculer la distance posé sur un trépied. Une sonde en métal est alignée directement sur un objet de la fosse. Un rayon de lumière infrarouge est réfléchi par les miroirs d'une petite boite située à l'extrémité supérieure de la sonde et revient sur le transmetteur et l'ordinateur qui calcule les coordonnées de l'artefact. Celles-ci sont enregistrées sur un bloc-notes électronique puis plus tard sur un ordinateur qui en sort une carte. Non seulement le matériel topographique épargne du temps et produit des données plus exactes, mais il fonctionne également comme un «troisième œil», repérant des indices que les archéologues auraient pu sinon ne pas voir.

«Vous voyez l'ensemble de cercles rouges ici?» nous demanda Connor en pointant son doigt sur l'écran de son ordinateur. «Ce sont des douilles de cartouche. Maintenant, quand nous nous dirigeons vers le périmètre est de la fosse, vous voyez qu'il y a en a de plus en plus. Cela pourrait indiquer que la ligne de feu était placée comme vous l'aviez suspecté.» Les cartes informatisées de Connor montraient également qu'il y avait des douilles entre les corps dans la fosse, ce qui corroborait le témoignage de notre informateur Marko: les hommes avaient bien été exécutés par groupes.

De plus en plus de preuves validaient le témoignage de Marko. Quand les archéologues creusèrent plus en profondeur, ils découvrirent des corps vêtus de blouses et de sabots, un uniforme commun chez le personnel hospitalier européen. Certains des corps portaient la trace de blessures antérieures: une cuisse bandée dans de la gaze ou un bras cassé dans un plâtre et une écharpe. Deux béquilles cassées se trouvaient au-dessus d'un des corps. Un autre avait un cathéter qui pendait de son pelvis.

Pour les experts qui travaillaient à seulement quelques centimètres des corps, c'était un travail harassant, physiquement et émotionellement. Haglund, le front et la barbe grisonnante luisant de sueur, mit les mains sur ses hanches et s'étira en se relevant dans la fosse. «C'est pas très drôle ici», dit-il en s'effondrant dans une brouette vide près de son collègue guatémaltèque, Fernando Moscoso. «Nous sommes comme des tentacules vivantes qui soulèvent, manipulent toute cette mort, essayant de l'extraire.»

Pendant l'heure précédente, Haglund et Moscoso avaient en vain essayé de démêler les bras et les jambes de deux corps accrochés l'un à l'autre dans la fosse. La plupart des victimes avaient probablement vécu encore quelques minutes ou quelques heures après qu'on leur avait tiré dessus. Dans un effort vain pour s'échapper ou peut-être pour rester en vie, ils s'étaient cramponnés l'un à l'autre et étaient devenus presque inextricablement entrelacés. « Voir en permanence leur visage, leurs bras et leurs jambes tordus et enroulés l'un dans l'autre, c'est ça qui me rend nerveux », dit Moscoso. « La nuit quand je ferme les yeux, je continue à les voir. »

8

Pendant que Haglund et son équipe travaillaient à la campagne, Clyde Snow s'était installé dans une morgue de l'université de Zagreb qui était temporairement placée sous la juridiction de l'ONU. Un groupe de Croates, des étudiants en médecine principalement, avait localisé et interviewé les familles des patients et du personnel disparus de l'hôpital de Vukovar. Une caisse près du bureau de Snow était remplie à ras bord de questionnaires et de graphiques dentaires. Il passait ses jours et ses nuits penché sur son ordinateur à rentrer des informations dans une base de données.

Il avait créé cette base des années auparavant, lors d'une enquête sur un crash aérien. Confronté à la nécessité de trouver un meilleur système de sauvegarde des informations sur les victimes, Snow avait imaginé un programme qui emmagasinait des données ante et postmortem. On y trouvait une description complète du «passé médical» des passagers recueilli auprès de leur famille et un portrait anthropologique et dentaire de chaque victime : sexe, âge, race, taille, interventions dentaires, bijoux et signes particuliers comme des fractures, des oreilles percées ou encore la latéralité – tout ce qui pouvait distinguer un corps d'un autre. Il n'avait cessé au fil des années d'améliorer son programme, en particulier à l'occasion de l'enquête sur l'attentat à la bombe contre le bâtiment fédéral Alfred P. Murrah à Oklahoma City en 1995.

De temps en temps, pendant que Snow travaillait sur son ordinateur, des camions frigorifiques arrivaient à la morgue avec des corps de la fosse d'Ovcara. C'est après l'une de ces livraisons qu'il découvrit le sac contenant le squelette qu'il avait examiné sur le site quatre ans auparavant. Après avoir lavé chaque os avec précaution, il étala le tout dans l'ordre anatomique sur une table d'examen et mit en route le processus d' «analyse grammaticale» du squelette, comme il aimait à l'appeler. Il s'agissait d'une série de questions que Snow se posait devant le corps:

Les restes sont-ils humains?

Quand la mort est-elle survenue?

Quel âge avait le mort?

Quels sont son sexe, sa race et sa taille?

Le squelette présente-t-il des anomalies physiques significatives, des traces d'anciennes maladies ou de blessures, ou d'autres signes qui pourraient faciliter son identification?

Quelle est la cause de la mort?

Enfin, comment la mort s'est-elle produite?

En plus de l'identification des restes, la tache la plus importante d'un expert en médecine légale est de déterminer à la fois la cause de la mort et la façon dont elle s'est produite. La distinction est importante. L'autopsie peut révéler que la cause de la mort d'un homme qui a été repêché dans un fleuve est la noyade. Mais si l'on détecte également un coup évident sur la tête fait avec, disons un pied-de-biche, la façon dont s'est produite la mort est alors suggérée. Il y a cinq possibilités: homicide, suicide, accident, mort naturelle ou indéterminée.

La passion de Snow pour les os – humains ou non – remonte à un voyage de chasse qu'il avait fait avec son père en 1940. En novembre, presque chaque année, Snow et son père, médecin de campagne, quittaient leur maison du Texas et se rendaient au Nouveau Mexique pour chasser le cerf dans les montagnes, à l'ouest de Pecos River. C'est pendant l'une de ces randonnées, près de Silver City, que Snow, qui avait alors douze ans, vit son premier squelette.

Un groupe de chasseurs était venu dans le pavillon où Snow et son père séjournaient et avait demandé à voir le médecin. Les hommes dirent qu'ils avaient trouvé dans le bois ce qui leur semblait être un tas d'os humains. Mais il y avait aussi d'autres os mélangés aux premiers et qui n'étaient, eux, peut-être pas humains. Le shériff adjoint les accompagna de l'autre côté de la montagne. Les chasseurs leur firent descendre un talus jusqu'à un fourré et leur désignèrent quelque chose dans les racines et les feuilles séchées.

Debout derrière son père et silencieux, Snow le regarda détacher, un à un, les os prisonniers de vêtements qui avaient pourri. Puis, le médecin se releva et dit aux autres qu'il s'agissait bien d'os humains. Et que, mêlés à eux, il y avait des os de cerf. Il en conclut que le chasseur était mort d'une crise cardiaque en essayant de tirer l'animal en dehors du bois. Ils regardèrent ce qu'il y avait dans les poches des vêtements de l'homme pour l'identifier. Ils ne trouvèrent qu'un trousseau de clefs. Le shériff adjoint eut alors une intuition : le corps pouvait être celui d'un individu qui vivait à Silver City, un chasseur assidu, qui avait disparu depuis deux ans. Snow et son père accompagnèrent le shérif à la maison du chasseur. L'adjoint frappa à la porte. N'obtenant aucune réponse, il essaya une des clefs. Elle entrait parfaitement dans le trou de la serrure.

De retour à Zagreb, Snow commença à examiner «Ovcara 1» pour déterminer les caractéristiques raciales et le sexe du squelette. En soulevant le crâne, il put voir que la plupart de ses traits structuraux, comme les petits os des joues et le profil facial droit, indiquaient que c'était un crâne caucasien. Il le retourna pour examiner les apophyses mastoïdes – les deux protubérances des os des tempes que l'on peut sentir juste derrière les oreilles. Elles étaient assez grandes pour être celles d'un homme. Il inclina doucement le crâne en arrière pour regarder le sommet de la nuque : il était trop développé pour être celui d'une femme.

Après avoir reposé le crâne, Snow s'intéressa aux deux os illiaques, ou os de la hanche, qui forment le pelvis avec le sacrum et le coccyx. Pour un œil exercé, ces os sont des indicateurs beaucoup plus fiables que le crâne pour déterminer le sexe d'un squelette. Par exemple, le pelvis d'un homme mature est souvent plus robuste, avec des empruntes musculaires bien marquées. Quand ils sont normalement alignés, les os des hanches ressemblent à peu près à des ailes de libellule machaon, courbées vers l'intérieur et reliées entre elles à leurs pointes inférieures. A l'endroit où les deux os se rejoignent, se trouve la symphis pubienne, l'articulation qui les connecte. Sous cette articulation, l'angle formé par les os de la hanche est plus étroit chez les hommes.

Retournant un des os de la hanche, Snow suivit son contour pour trouver l'encoche sciatique, à peu près aussi large qu'une pièce de 20 centimes. Elle était relativement étroite et profonde. Il examina également la cavité articulaire de l'os de la hanche qui reçoit le haut du fémur. Son diamètre était large et ses bords bien développés. C'était sans aucun doute les traits d'un homme.

Puis Snow chercha des signes de latéralité. Avec le temps, le bord postérieur de la scapula, ou omoplate, prend une apparence plus biseautée à cause de l'usure de l'articulation du côté qui sert le plus. Le fait d'utiliser un bras plus souvent que l'autre fait que les os de ce bras deviennent légèrement plus longs. L'usure dans la cavité articulaire de l'épaule du squelette d'Ovcara et la longueur des os des bras n'étaient pas assez spécifiques pour pouvoir déterminer la latéralité.

Il s'attaqua ensuite à la taille et à l'âge. La taille fut assez facile à trouver. En combinant la longueur du fémur à celle du tibia et en utilisant des tables statistiques, il parvint à une taille de 178 cm avec une marge d'erreur de plus ou moins six centimètres. Donner un âge à un squelette est quelque peu plus problématique. Le meilleur moyen est d'examiner le degré d'évolution des trois sections spécifiques de la symphis pubienne. Les sections changent indépendamment les unes des autres et à différents niveaux. Les chercheurs attribuent un numéro à chaque section. Toutes ces données numériques servent à déterminer l'âge du mort avec une marge d'erreur de quelques années.

Snow sortit de son attaché-case en cuir une boite en bois tapissée de feutre qu'il déposa sur la table en contreplaqué. A l'intérieur, il y avait quinze moules en plastique de symphis, chacun d'entre eux représentant les six stades d'évolution des trois sections. En comparant les moules avec la symphis du squelette, il obtint un chiffre qui correspondait à un âge pubien situé entre 21 et 25 ans. Mais en regardant les os de la clavicule et l'extrémité des cotes, qui étaient également des indices pour l'âge, il élargit son estimation à 22 - 28 ans.

Snow reprit le crâne et examina à sa base un petit trou biseauté vers l'intérieur : une blessure par balle. Quand il retourna le crâne, il vit deux trous plus larges, du diamètre d'un doigt. Il plaça une glace grossissante devant leurs bords. L'os s'était écaillé et biseauté vers l'extérieur. La balle était passée par le cerveau, s'était brisée en deux fragments qui étaient ensuite ressortis du crâne.

Un jour en fin d'après-midi, alors qu'un soldat jordanien installait son tapis de prière sur le toit de son véhicule blindé de transport de troupes, Haglund et son équipe, épuisés mais soulagés d'avoir sorti le dernier corps, se rassemblèrent autour de la fosse d'Ovcara. On parla du fait qu'il était ironique d'avoir travaillé pendant six semaines pour excaver une fosse que les tueurs n'avaient pas dû prendre plus que quelques heures à creuser. Puis la conversation ne tarda pas à dériver vers des sujets plus embarassants. Les jours précédents, certains des experts énervés et agacés par l'allure exténuante des trois derniers mois, avaient commencé à remettre ouvertement en question l'intérêt de leurs recherches. Etait-il possible que personne ne soit jamais arrêté pour ces crimes ? Les familles n'avaient-elles pas le droit que la justice soit faite ?

En mars 1996, trois mois avant que les experts légistes ne commencent les exhumations en Croatie et en Bosnie, Madeleine Albright était venue voir le charnier présumé de la ferme de Pilica. Des bouts de squelette étaient visibles partout sur le site. Parlant du président bosno-serbe d'alors, Radovan Karadzic, et de son chef militaire, Ratko Mladic, qui avaient tous deux été inculpés de crimes de guerre et d'actes de génocide, mais qui étaient loin d'avoir été arrêtés, Albright eut cette phrase : «Mladic et Karadzic doivent savoir que leurs jours d'insouciance sont comptés.» Mais ces hommes ainsi que des dizaines d'autres criminels de guerre, dont ceux qui étaient responsables de la tuerie d'Ovcara, étaient toujours en liberté. Certains d'entre eux menaient même une vie agréablement paisible à quelques kilomètres seulement des sites exhumés.

«Ce qui me pose problème, dit Haglund à ses collègues, c'est que ces gens sont peut-être morts pour rien. Si la justice n'est pas faite, cela sera comme si on s'était moqué de ces morts et de tout ce que nous avons tenté d'accomplir.»

Tôt un matin, Gilles Peress et moi-même avons quitté Ovcara et nous sommes dirigés vers le sud de la Bosnie en passant une série de postes de contrôle de l'IFOR gardés par de jeunes soldats américains. Le temps était moite et lourd. Au nord de la ville de Zvornik, tenue par les Serbes, nous prîmes une piste et arrivâmes à la ferme de Pilica que Albright avait visitée plus tôt dans l'année.

Nous trouvâmes Bill Haglund, qui travaillait également sur ce site, profondément endormi sur un lit de camp en toile verte près d'un container frigorifique, ses petites mains sales croisées sur sa poitrine. Des travailleurs en combinaison bleue et gants de caoutchouc montant jusqu'au coude passaient devant nous avec des brancards et hissaient un nouveau cadavre dans le container. Cinquante mètres plus loin, près du trou, une pelleteuse passait ses vitesses pour ne pas s'embourber. Une heure auparavant, Haglund s'était hissé hors du trou, totalement épuisé, et s'était écroulé sur le lit. Presque chaque centimètre de ses vêtements était couvert de saletés provenant de la fosse, depuis ses bottes en caoutchouc jusqu'à ses lunettes cerclées de fer ; ses cheveux et sa barbe étaient couverts de boue. Sans réfléchir, je me penchai au-dessus de lui et enlevai le mégot de cigare qui fumait encore entre ses doigts et le jetai. Je ne pouvais pas m'empêcher de penser qu'Haglund avait cohabité avec l'enfer trop longtemps et que celui-ci avait fini par le terrasser.

Dans la fosse, l'assistant d'Haglund, José Pablo Baraybar, qui souffrait manifestement d'avoir remonté tant de cadavres, supervisait le départ des derniers corps et parties de corps. La nuit précédente, une lourde pluie avait transformé la fosse en soupe brune de bras et de jambes, et quand les travailleurs épuisés sortaient les restes de la boue, leurs bottes faisaient un bruit sonore de succion, pareil à celui d'un déboucheur de WC. De temps en temps, les ouvriers glissaient et tombaient sur les amas de corps, appelant à l'aide en s'accrochant désespérément aux membres glissant comme des anguilles, et crachaient de la boue et des touffes de cheveux. Rien dans les quatre derniers mois ne pouvait être comparé à cette horreur. C'était comme si le sol s'était écarté sous leurs pieds et qu'ils avaient atterri après une chute vertigineuse au fin fond de l'enfer.

Drazen Erdemovic avait vu le Mal se déchaîner un an auparavant à la ferme de Pilica. Ce Croate de vingt-quatre ans commença la guerre du côté de l'armée du gouvernement bosniaque dominée par les Musulmans mais la quitta car il n'appréciait pas les rations – ou plutôt leur absence. Il rejoignit alors les Forces de défense croates et se fit beaucoup d'argent en faisant du marché noir sur le front. Arrêté par la police militaire croate, il s'évada et s'enrôla dans l'armée bosno-serbe. Il échoua dans la dixième unité de sabotage qui devait prendre Srebrenica d'assaut.

Tôt le matin du 16 juillet 1995, cinq jours après la chute de la ville, Erdemovic et six autres soldats de son unité furent envoyés à la ferme de Pilica. Le commandant du groupe, le sergent Brana Gojkovic, ordonna aux hommes de prendre leurs armes et leurs munitions et de se rendre sur un champ de blé quelques centaines de mètres derrière les granges. Ils attendirent là jusqu'à l'arrivée des premiers bus juste après neuf heures du matin. Deux policiers militaires firent descendre dix hommes de quinze à plus de soixante-dix ans. Ils les firent ensuite passer devant une rangée de tracteurs et sous les branches d'un pommier jusqu'au champ de blé. Après avoir aligné les hommes, dos à leurs bourreaux, Gojkovic ordonna à ses soldats d'ouvrir le feu. Quand Erdemovic refusa d'obtempérer, Gojkovic le menaça de l'exécuter pour désobéissance. Obligé de choisir entre sa vie et celle des hommes en face de lui, le jeune soldat mit son fusil automatique AK-47 en position un coup et tira balle après balle sur le dos des vieillards et des jeune garçons.

Au fur et à mesure de la journée, les bus arrivaient de plus en plus nombreux de Potocari. Aucun effort n'était fait pour cacher aux prisonniers ce qui allait leur arriver. Des amas de corps étaient éparpillés dans le champ. Un bulldozer les ramassait et les jetait dans une longue tranchée trente mètres plus loin. Jusqu'à ce que leur tour arrive, les prisonniers restaient assis dans les bus à écouter le crépitement des armes. Quand le dernier groupe fut aligné, Gojkovic obligea les conducteurs des bus à tuer au moins un prisonnier chacun de façon à ce qu'ils partagent, eux-aussi, la responsabilité du crime.

Erdemovic affirma plus tard au tribunal qu'au moins mille sept cents Musulmans étaient morts à Pilica. «Pour être franc, dit-il, je préfère ne pas savoir combien j'en ai tué.»

Les experts légistes exhumèrent seulement cent quarante-six corps de la fosse de Pilica, beaucoup moins que prévu et surtout beaucoup moins que ne l'avait affirmé Erdemovic. Le 27 septembre 1995, onze semaines après les exécutions, des avions espions américains repérèrent des équipements lourds à la ferme, ce qui pouvait signifier que la fosse avait été à nouveau excavée. Une autre photo satellite américaine prise quelques jours plus tard montrait une activité dans une fabrique d'aluminium voisine qui avait été fermée pendant la guerre. L'ancien patron de l'usine, un Musulman de Tuzla, dit aux journalistes que la fabrique avait soixante-deux cuves d'hydroxyde de sodium, un produit chimique extrêmement toxique utilisé pour transformer le minerai de bauxite en aluminium. Il en déduisit que l'hydroxyde de sodium avait pu être utilisé pour dissoudre les cadavres.

Gilles Peress et moi avons quitté la ferme de Pilica pour aller vers l'est en direction de Tuzla. Nous passâmes par le village de Kalesija et nous nous arretâmes sur le parking d'une fabrique de vêtements détruite par un bombardement. Depuis début juillet, le bâtiment abandonné avait été transformé en morgue de fortune. Sous la direction de Robert Kirschner, un anatomo-pathologiste de Chicago, spécialisé en médecine légale, les corps de Srebrenica étaient autopsiés. Kirschner était un homme énergique d'un mètre soixante-dix au visage cireux. Il portait une barbe à la Lincoln et avait l'habitude de sautiller pendant qu'il parlait. Dix-sept ans auparavant, en 1979, Snow et lui avaient joué un rôle capital dans l'identification des passagers du vol 191 d'American Airlines qui s'était écrasé à l'aéroport international O'Hare de Chicago. Kirschner nous accompagna, Snow et moi-même, dans nos premiers voyages en Argentine au milieu des années quatre-vingt, puis les deux experts allèrent ensuite former ensemble des équipes au Chili et au Guatemala. Maintenant, à cinquante-huit ans, Kirschner était considéré comme un spécialiste mondial des blessures par balle et des séquelles physiques de la torture.

Comme Haglund, Kirschner était en bute au mécontentement de certains des spécialistes qu'il avait recrutés pour travailler à la morgue. La charge de travail considérable et les moyens rudimentaires étaient la raison principale. Mais Kirschner disait aussi aux gens leurs quatre vérités en cas de désaccord ou d'erreur. Il avait de plus tendance à modifier les plannings de façon intempestive, ce qui rendait ses collègues furieux. On entendait enfin des plaintes concernant la manière dont il effectuait certains rapports d'autopsie.

En face de la morgue, près des deux containers frigorifiques, plusieurs jeunes Bosniaques arborant une coupe militaire et portant un tablier en plastique et un masque sur le visage, sortaient des vêtements de sacs en plastique et les arrosaient à la lance par terre sur la chaussée. Une triste collection de vêtements en lambeaux – des pulls tricotés main, des chaussettes reprisées tant de fois qu'elles ressemblaient à de minuscules patchworks, des chemises délavées, des ceintures et même des pantalons fabriqués avec du tissu de parachute – pendaient sur un système de cordes étendues entre les deux containers et le bâtiment, telles les bannières d'une fête médiévale.

A l'intérieur de la morgue, des travailleurs en combinaison bleue s'affairaient. Dans une pièce qui avait été autrefois la cafétéria de l'usine, deux hommes posaient un sac blanc contenant un corps sur une table d'aluminium étincelante près d'un scanner. Ils ouvrirent la fermeture éclair d'un coup sec et abaissèrent les pans du sac, révélant un corps partiellement décomposé. Pendant qu'un des anatomo-pathologistes passait doucement le fluoroscope sur le corps, son collègue regardait le squelette sur l'écran du scanner. Quand une balle apparut sur le moniteur, il fit signe à son acolyte de s'arrêter. Avec un scalpel, il fit une petite incision près de la balle et la sortit avec des pinces. Plus tôt dans la matinée, ils avaient enlevé trente balles dans un des corps du charnier de Lazete.

Une fois passés au rayon X, les corps étaient transportés sur l'une des quatre tables d'autopsie dans une pièce adjacente. C'était le centre névralgique de l'opération. Pendant que les anatomo-pathologistes et leurs assistants autopsiaient les corps, les anthropologues rodaient à côté, attendant avec des scies à métaux de récupérer les os longs et les symphis pubiennes pour calculer l'âge et la taille. Avant de commencer les autopsies, les anatomo-pathologistes devaient enlever les vêtements, ainsi que des éventuels bandeaux qui cachaient les yeux et des ligatures et fouiller consciencieusement les poches à la recherche d'affaires personnelles. Alors que les vêtements étaient mis dans des sacs et envoyés dehors au lavage, les affaires personnelles étaient emportées pour être examinées par des spécialistes des pièces à conviction qui étiquetaient et photographiaient chaque objet.

Dans la pièce où se trouvaient les tables d'autopsie, sous une grande fenêtre couverte de suie, nous rencontrâmes Tim Curran, un ancien officier de police du Vermont formé à la science médico-légale et aux enquêtes sur les lieux de crime. Roulé en boule sous une lampe, sur la table où Curran était en train d'examiner des objets, se trouvait un chaton noir. « Je vous présente Kisa », dit-il en souriant. « Un chat abandonné, qui errait un matin, perdu et affamé. » Le chaton avait été recueilli par l'une des anthropologues, une Islandaise, et était devenu la mascotte de la morgue. Curran posa sur la table plusieurs sacs en papier kraft. Il nous montra quelques-uns des effets personnels découverts sur les corps. Ils sortit d'un sac un trousseau de clefs et une blague à tabac faite maison et d'un autre, une alliance et une montre à gousset. Il extirpa d'un troisième une petite pochette en cuir. A l'intérieur, il y avait plusieurs graines séchées, une pierre de couleur foncée et un morceau de fer en forme de harpe – que des objets servant à allumer un feu.

Il nous montra une autre pochette. Celle-là était en tissu et un peu plus grande que la précédente. On en avait trouvé plusieurs autres autour du cou d'hommes qui avaient la cinquantaine ou la soixantaine. C'étaient des hamajlijas, ces amulettes portées par les Musulmans pour porter chance et conjurer les sortilèges et les maladies.

Puis Curran sortit plusieurs papiers et des piles de photographies. Une lettre de rupture aux pages froissées et abimées, un livret bancaire sale, un dessin d'enfant représentant une petite fille tenant un parapluie. Je me penchai au-dessus de la table pour regarder de plus près un cliché d'une jeune femme agenouillée près de ses deux enfants, le visage radieux. C'était une scène intime, si commune et familière qu'elle aurait pu être prise n'importe où. Le coin supérieur gauche de la photographie était troué. Je regardai Curran. «C'est un impact de balle», me confirma-t-il.

Identifier plus de cinq cents corps provenant des fosses des alentours de Srebrenica n'allait pas être facile. Personne ne le savait aussi bien que Laurie Vollen. Médecin de santé publique du Wisconsin, elle était responsable du projet de base de données antemortem des «Physicians for Human Rights». Vollen avait formé vingt-huit Bosniaques à l'interview des parents des disparus afin de recueillir des descriptions physiques. Ils demandaient également les dossiers médicaux et les radios qui contenaient des informations qui valaient leur pesant d'or. On avait aussi appris aux enquêteurs à reconnaître les sentiments de culpabilité et d'impuissance qu'ils pouvaient eux-mêmes ressentir après avoir entendu tant d'histoires tragiques et, si nécessaire, à demander des conseils.

Vollen nous raconta un entretien avec une femme qui avait perdu son mari, son frère et son fils pendant le siège de Srebrenica. A la fin de la rencontre, la femme avait demandé «si on pouvait lui apporter un os de son fils; elle le transporterait dans son sac à main où qu'elle aille, et la nuit elle le poserait à côté d'elle. Elle a dit que c'était la chose la plus importante qu'on puisse faire pour elle».

Vollen doutait toutefois que beaucoup d'hommes soient jamais identifiés avec les moyens médico-légaux traditionnels. «On va avoir une courbe en cloche», dit-elle. «Il y aura une grosse majorité de mâles entre dix-huit et quarante ans que rien ne distinguera dans leur squelette, dans leur dentition et dans leurs vêtements. La plupart d'entre eux ne seront probablement pas identifiables. Nous devrions pouvoir identifier ceux qui se trouvent à l'extrémité de la courbe, disons les 30% qui ont des détails physiques vraiment particuliers. Mais la grande question est, au moins dans mon esprit, combien de familles de ces hommes allons-nous pouvoir trouver et interroger?»

Vollen et son équipe étaient dans une course contre la montre. La plupart des femmes réfugiées quittaient à cette époque les centres pour personnes déplacées et allaient être encore plus difficiles à retrouver. De plus, les Serbes qui détenaient les dossiers médicaux et dentaires ne permettaient pas leur consultation. «Les tests ADN pourraient constituer notre ultime et meilleur espoir pour confirmer les identifications», dit Vollen.

Pendant les autopsies, les experts légistes prélevaient des dents et des sections d'os sur les corps de Srebrenica et les expédiaient dans les laboratoires de Mary-Claire King, une biochimiste de l'université de Washington. Michelle Harvey, généticienne aux «Physicians for Human Rights», extrayait l'ADN de ces échantillons pour les comparer à l'ADN des échantillons sanguins donnés par les familles. Il restait à savoir si les tests ADN pourraient identifier beaucoup d'hommes de Srebrenica. Le grand nombre de dents et d'échantillons sanguins recueillis dans des conditions loin d'être optimales pouvaient facilement avoir été contaminés par une mauvaise manipulation ou par la présence sur les spécimens d'ADN provenant de bactéries.

Fin novembre 1996, les enquêtes tiraient à leur fin sur les sites. Jusque-là, l'équipe de Srebrenica avait été incapable d'identifier un seul des cinq cents corps. Cependant, ses découvertes sur la cause de la mort et la façon dont elle s'était produite réfutaient les affirmations des leaders politiques et militaires serbes selon lesquels il s'agissait de pertes militaires. La plupart des hommes avaient des blessures consécutives à des exécutions. Beaucoup de cadavres avaient les yeux bandés et les mains attachées derrière le dos. Les vêtements et les effets personnels retrouvés sur les corps indiquaient que beaucoup, si ce n'est la majorité, des victimes étaient des Musulmans. Cela impliquait qu'il ne s'agissait pas seulement de meurtres collectifs mais également d'un génocide. Sur les deux cents corps de la fosse d'Ovcara, plus de cinquante étaient presque sûrement des patients et du personnel de l'hôpital de Vukovar.

Vers la fin de notre périple, Gilles et moi nous rendîmes à Zagreb pour voir Clyde Snow. Nous le trouvâmes à la morgue, penché sur son ordinateur. Des tasses en plastique à moitié remplies de café noir étaient en équilibre sur des piles de papier. Un cendrier près de son coude débordait de mégots de cigarette. Alors qu'on était en fin d'après-midi, il portait encore son chapeau et son manteau. Il avait l'air à la fois obsédé et excité.

Nous faisant signe de nous approcher de son bureau, Snow fit défiler l'écran de son ordinateur jusqu'à une colonne de données antemortem intitulée «Effets personnels». Il tapa la lettre C pour «collier» et une liste de mots abrégés apparut sur l'écran. Il fit défiler la liste puis s'arrêta.

«Cela ne vous rappelle pas quelque chose?» demanda-t-il en relevant la tête et en souriant. «CHAINE ARG. + CROIX + PLAQUE (INSCR. BOG I HRVATI)» était inscrit en lettres grasses sur l'écran.

Posant un rapport d'autopsie près de son ordinateur, il suivit du doigt les informations sur le sexe, la taille et la race pendant qu'il faisait défiler des catégories identiques sur l'écran: tout correspondait. Quand il arriva à la catégorie «latéralité» qui, pendant l'autopsie avait été impossible à déterminer, l'écran indiquait «ambidextre», une autre correspondance.

Puis il glissa son curseur sur la colonne intitulée «Histoire médicale». On pouvait lire: «Le 17 novembre 1991, deux jours avant la chute de Vukovar, le garde national croate de vingt-trois ans a été admis à l'hôpital de Vukovar pour blessures subies au combat.»

Snow alla directement à la fin de la base de données avec son curseur et un nom apparut à l'écran. Quatre ans après l'avoir dégagé de la boue d'un champ d'une ferme de l'est de la Croatie, «Ovcara 1» avait enfin un nom: Josip Kosul.

9

Pendant l'automne et l'hiver 1996, le tribunal de la Haye transféra environ 517 corps et parties de corps « désarticulées » leur appartenant de son autorité à celle de Tuzla. Les « transferts de corps », puisque c'était leur nom, ne furent pas conduits sous le manteau, mais les deux parties firent néanmoins des efforts pour procéder dans la discrétion. Toutes les trois semaines environ, un camion recouvert de toile verte se présentait aux portes de la fabrique de vêtements de Kalesija et des employés municipaux à la mine sinistre, qui portaient un masque sur le visage et des gants en caoutchouc noir protégeant leurs avant-bras, en sortaient plusieurs dizaines de corps enfermés dans des sacs blancs. Ils transportaient ensuite les restes jusqu'à un tunnel long de 90 mètres, creusé dans une colline près de Tuzla. Là, derrière une lourde porte métallique criblée de trous d'aération faits à la hâte, les hommes empilaient les corps anonymes les uns sur les autres de chaque côté du tunnel en attente d'une identification et d'un nouvel enterrement.

Pendant que les experts du tribunal exhumaient et autopsiaient les corps des charniers cet été-là, le commissaire chargé par le gouvernement bosniaque des enquêtes sur les disparus, Amor Masovic, en collaboration avec son homologue serbe, Dragan Bulajic, et une équipe locale d'enquêteurs, avait conduit de nombreuses descentes le long du Sentier de la Vie et de la Mort. Masovic et ses hommes fouillèrent cinq kilomètres de bois et de prés le long du chemin à la recherche des restes des Musulmans qui avaient été tués lors de leur fuite vers Tuzla. Agenouillés à différents endroits le long du sentier, les enquêteurs prélevaient avec précaution des os et des bouts de vêtement dans l'herbe haute des prés et sur les feuilles séchées et les mettaient dans de grands sacs en plastique. De loin, Masovic et ses hommes semblaient jouer à un jeu de Mikado géant. Il s'agissait pourtant d'un travail dangereux car les collines étaient truffées d'obus et de mortiers encore en sommeil.

Un jour en fin de matinée, au cœur de la forêt, Masovic et son équipe découvrirent les restes de trente ou quarante corps regroupés sous un grand chêne dont les grosses branches épaisses et noueuses portaient la trace d'éclats d'obus. A en juger par la position des restes, les hommes étaient probablement en train de dormir ou de se reposer quand les obus avaient commencé à tomber. Près d'un des corps, ils trouvèrent un exemplaire du Coran dont les pages étaient tachées de moisissure et séchées par la boue. Quelques mètres plus loin, un petit miroir pendait à une branche. Et, posé sur une grosse pierre grise en dessous, il y avait un rasoir à main coincé par la rouille.

A la première tombée de neige début novembre, les enquêteurs avaient rassemblé les restes d'environ trois cents personnes, ce qui portait le total des restes humains trouvés sur le sentier et exhumés des charniers à environ huit cents. Quand on comparait ce chiffre à la liste du CICR des 7 079 hommes disparus de Srebrenica, cela voulait dire que pour chaque corps récupéré, il y en avait au moins huit autres encore enterrés dans les fosses ou abandonnés quelque part le long des soixante-cinq kilomètres de route vers Tuzla.

Après le départ des experts du tribunal en octobre 1996, la tache d'identifier les restes de Srebrenica échut au directeur de l'institut médico-légal de l'université de Tuzla, Zdenko Cihlarz. Tôt un matin de juin 1997, je l'ai trouvé à l'hôpital de Tuzla alors qu'il venait d'achever une autopsie. La cinquantaine, la calvitie naissante, cet homme corpulent avait constamment l'air triste. En le regardant dans sa blouse tachée repousser le tiroir dans l'unité frigorifique, je ne pus m'empêcher de me demander s'il ne désirait pas secrètement être ailleurs, être quelqu'un qui amènerait des vies nouvelles dans ce monde plutôt que d'accompagner leur sortie. Comme d'autres anatomo-pathologistes de l'ancienne république, il avait eu la lourde tâche de rendre les cadavres des soldats et des civils à leurs familles. Cihlarz était alors en charge du nord-est de la Bosnie et cela l'avait énormément occupé. Quand je lui demandai comment il n'était pas devenu fou pendant ces années terribles, il fronça les sourcils et haussa les épaules: «C'est mon boulot. Je ne suis pas payé pour m'apitoyer sur mon sort.»

En fait, pour Cihlarz, l'enquête de Srebrenica était devenue une sorte d'obsession. Il comparait son intensité à ce qu'il avait ressenti six ans auparavant, en août 1990, quand on l'avait appelé pour enquêter sur la mort de cent quatre-vingts hommes tués lors d'une explosion dans une mine de la région. Bien que conscient de ne pouvoir identifier qu'un faible pourcentage de corps, il était plus que jamais déterminé à reconstituer les événements qui avaient eu lieu le long du Sentier de la Vie et de la Mort.

Cihlarz s'arrêta dans le principal laboratoire de l'institut et montra la pièce d'un geste. «Comme vous voyez, c'est le règne de l'improvisation. Vous assistez à l'une des plus importantes enquêtes médico-légales sur les crimes de guerre de l'histoire européenne et qu'est-ce que vous voyez? Des médecins légistes qui doivent se serrer la ceinture.» Dans une pièce faiblement éclairée, je distinguai des boites d'os empilées le long des murs de briques. Çà et là, des os étaient tombés et avaient pris la poussière. Des tables d'examen improvisées avaient été fabriquées à l'aide de planches et de gros carton. Plusieurs livres de médecine et de science médico-légale aux couvertures déchirées et écornées traînaient dans la pièce. J'en pris un et cherchai la page de titre. Il avait plus de trente-cinq ans. Sur une table d'examen, disposés dans l'ordre anatomique, il y avait moins de la moitié des os d'un squelette et à côté un mesureur d'os de fortune, un instrument dont les chercheurs se servent pour mesurer la taille d'après les os longs. Il avait été bricolé en attachant deux serre-livres métalliques à une planche en bois poli. Entre les deux serre-livres, on avait attaché à un clou un mètre à ruban. Une reproduction d'un squelette découpée dans un manuel d'anatomie était fixée au mur au-dessus de la table.

Cihlarz me fit signe de m'approcher d'une table sur laquelle on avait scotché une grande carte dessinée à la main. « C'est une petite section du sentier qui se trouve dans une zone appelée forêt de Bijela », dit-il en désignant ce que je reconnus immédiatement comme étant le lieu où Ibrahim, son frère et son père avaient été attaqués. La carte faisait penser au centre d'une cible criblé de points rouges et de quelques points en périphérie. Chaque point représentait un endroit où on avait trouvé un corps et il y avait des dizaines de points sur la carte. « Quand nous avons examiné les restes dans le labo, continua Cihlarz, nous avons remarqué que les corps du centre étaient criblés de fragments de mortiers alors que ceux plus en périphérie avaient plutôt des blessures par balle. Cela veut dire que les Serbes ont tendu une embuscade à ces hommes en balançant tout d'abord des mortiers puis en ouvrant le feu sur ceux qui tentaient de fuir vers la forêt. »

Alors que Cihlarz et son équipe étaient absorbés par les restes de Srebrenica, Laurie Vollen et ses enquêteurs bosniaques traitaient les informations antemortem recueillies auprès des centaines de parents des hommes disparus. Une fois qu'on avait fini de traiter un cas, il était envoyé aux experts bosniaques. Mais, contrairement à la fosse d'Ovcara, l'allure à laquelle allaient les identifications était peu encourageante. Fin juin 1997, seuls sept corps – un de Lazete et six de la ferme de Pilica – avaient été formellement identifiés. Si Cihlarz et Vollen avaient de la chance, ils pourraient résoudre quarante cas avant fin 1998.

La lenteur des identifications ne faisait qu'accroître le désespoir des familles. Il leur tardait de connaître le destin de leurs fils, maris ou pères, même s'ils s'accrochaient toujours à l'espoir qu'ils étaient encore en vie. Comme nous le dit une femme : « Comment pourrais-je abandonner ? C'est tout ce qui me reste. » Cette incertitude empêchait les femmes de revenir à leur vie antérieure ou de planifier leur avenir. Et, pour un nombre de plus en plus important d'entre elles, la douleur de ce qu'elles avaient elles-mêmes enduré, ajoutée à l'angoisse de ne pas savoir ce qu'étaient devenus leurs êtres chers, commençait à avoir des effets désastreux.

Pour mieux comprendre la situation critique des femmes et des enfants de Srebrenica, il faut remonter au 12 juillet 1995, jour où les soldats serbes avaient forcé les réfugiés à quitter la base hollandaise de Potocari et où ils les avaient emmenés en bus dans le territoire tenu par les Musulmans. Les expulsions, ou « nettoyages de terrain », comme les appelaient les Serbes, avaient bien duré jusqu'au lendemain soir. Epuisées et paralysées de peur, après avoir regardé, impuissantes, les Serbes emmener leurs hommes de force, beaucoup de femmes s'étaient mises à pleurer de nervosité dans les bus qui avançaient au pas le long des routes montagneuses. Par les fenêtres, elles apercevaient parfois des cadavres d'hommes et de garçons près de la route. Une foule de Serbes leur lança des injures à un carrefour de Bratunac. A plusieurs postes de contrôle, des soldats serbes et des miliciens ivres montèrent dans les bus d'un air fanfaron, exigèrent de l'argent et firent peur aux femmes et aux vieillards. Les femmes étaient souvent sorties des bus de force pour subir des viols collectifs.

Pour les femmes musulmanes, ces heures tristes et terrifiantes représentaient l'adieu non seulement aux hommes, à leur maison et à leur village, mais aussi à leur propre sens de la sécurité et à leur place dans le monde. Des mois après les déportations, beaucoup continuaient à parler sans arrêt de ce voyage en bus. Quelques-unes, comme «Nura», avaient été marquées à jamais par un événement particulier dont elles avaient été témoins pendant le voyage.

Femme d'âge moyen d'un village des alentours de Srebrenica, Nura avait perdu ses cinq fils pendant le siège de l'enclave en juillet 1995. Quand Harvey Weinstein, un psychiatre américain consultant aux «Physicians for Human Rights», la rencontra à une réunion de son groupe d'entraide en février 1997, elle vivait dans une maison au centre de la Bosnie et partageait une chambre avec sa fille, sa petite-fille et la belle-mère de sa fille.

«Nura est arrivée à la réunion un peu après les autres femmes», se souvint Weinstein. «C'était une grande femme habillée en tenue traditionnelle des Musulmanes bosniaques avec un fichu sur les cheveux. A peine est-elle entrée dans la pièce que l'atmosphère est devenue plus lourde. Et quand ce fut à son tour de parler, son corps s'est mis à trembler de nervosité.» Elle raconta à Weinstein une histoire que le groupe avait entendue maintes fois auparavant. Après avoir quitté la base de Potocari, le bus s'était arrêté à un poste de contrôle. Un milicien serbe était monté à bord. Il était jeune et avait les traits durs. Elle avait senti l'odeur extrêmement familière de la cigarette, de la sueur âcre, la légère odeur sucrée de l'alcool. La chaleur était de plus écrasante sur la route poussiéreuse. Il s'était mis à parler mais ses paroles étaient incompréhensibles. Soudain, il avait sorti un long couteau de sa ceinture et l'avait soulevé en l'air. Il souriait et ses grandes mains, elle l'avait alors remarqué, étaient gonflées par la chaleur. Tout à coup, il s'était penché et avait tranché la gorge d'un bébé qui dormait dans les bras de sa mère. Du sang avait giclé sur les fenêtres et sur le dos du siège. Des hurlements avaient fusé. L'homme avait crié quelque chose à la femme puis, de sa main gauche, il avait poussé la tête de celle-ci vers le corps mou de son enfant. «Bois-le putain de Musulmane!», n'arrêtait-il pas de crier. «Bois-le!»

Vers la fin de l'histoire, les autres femmes du groupe entourèrent Nura. Toujours en sanglots, elle dit qu'elle s'était évanouie plusieurs fois pendant le supplice et que maintenant elle était consciente qu'il y avait eu de courts moments pendant lesquels elle avait perdu le contact avec son entourage. Le pire était qu'elle ne parvenait pas à oublier cet événement, dont le souvenir pouvait la submerger sans crier gare à n'importe quelle heure du jour ou de la nuit. Incapable de contrôler son anxiété, elle avait dû demander des sédatifs aux autres femmes car elle n'avait pas d'argent pour acheter des médicaments.

Les symptômes de Nura – sauts d'humeur, sommeil léger avec récurrence de cauchemars, manque de concentration, extrême sensibilité aux stimuli venant de son entourage, forte tendance à revivre les aspects d'un traumatisme originel – sont les signes de ce que les psychiatres nomment psychose post-traumatique. Que les visions précises et importunes qui prenaient possession de Nura reflétent un effort psychologique pour revivre le moment de terreur écrasante ou que ces minutes de faiblesse intense se soient cristallisées en un souvenir visuel qui se déclenchait apparemment de façon arbitraire, elle se sentait destinée, au moins pour un moment, à revivre l'expérience encore et encore.

Dereck Summerfield, un psychiatre membre fondateur de la «Medical Foundation for Care of Torture Victims» à Londres, explique que « les expériences traumatiques et la recherche de sens qu'elles provoquent, doivent être comprises en termes de relation entre l'individu et sa société, avec des conséquences influencées par les forces culturelles, sociales et politiques (qui elles-mêmes évoluent avec le temps). » Le fait que Nura ait été prise en charge par un groupe de femmes de sa propre communauté et qui ont vécu des expériences douloureuses similaires, l'avait aidée, selon Weinstein, à replacer son propre traumatisme dans le contexte de souffrances collectives. Plusieurs femmes du groupe dirent à Weinstein que tant que Nura continuerait à être accablée par le souvenir de la perte de ses fils et de l'incident du bus, elle ne pourrait jamais reconstruire sa vie. Elle parlait souvent de sa petite-fille et espérait que sa génération apprendrait à vivre en paix avec les Serbes et les Croates comme avant la guerre. Nura et les autres femmes du groupe reconnaissaient que tous les Serbes n'étaient pas coupables. Quelques soldats serbes étaient même intervenus pour sauver leurs vies et celles de leurs enfants. Nura elle-même se rappelait que, après le meurtre du bébé, le conducteur du bus, un Serbe, avait refusé de s'arrêter aux autres postes de contrôle sur la route.

Une fois les réfugiés de Srebrenica arrivés en territoire musulman, ils furent conduits en bus par les autorités musulmanes, au siège de l'ONU à Tuzla – une ancienne base aérienne yougoslave gigantesque – et déposés devant les grilles d'entrée. Pendant que les autorités musulmanes se disputaient avec le Haut Commissariat des Nations unies pour les Réfugiés (le HCR) la responsabilité de la gestion de la crise, les femmes et les enfants trouvèrent refuge sur la principale piste de la base. Des organisations caritatives locales et internationales fournirent des tentes et distribuèrent de la nourriture et de l'eau au compte-gouttes. Dans les semaines qui suivirent, le HCR et d'autres associations humanitaires enregistrèrent les réfugiés puis les transférèrent dans des «centres collectifs» – la plupart du temps des écoles abandonnées ou des bâtiments administratifs – à Tuzla et dans les villages alentours. Les centres étaient lugubres et surpeuplés : il y avait dans chaque pièce pas moins de trente personnes – jeunes et vieux mélangés. Les enfants qui avaient perdu leurs deux parents et qui n'avaient pas de famille pour veiller sur eux furent envoyés dans un orphelinat d'Etat dans les faubourgs de Tuzla.

Un matin de juillet 1997, Gilles et moi, accompagnés de notre traducteur, Aljosa Jakupovic, visitâmes le centre d'accueil de Simin Han dans la banlieue de Tuzla. Créé en 1996, il servait de foyer pour les femmes et les enfants réfugiés qui avaient besoin d'être suivis par des psychologues. Dans une salle d'attente du rez-de-chaussée, nous fîmes la connaissance de «Rejha», une femme aux cheveux auburn coupés courts qui avait à peine dépassé la quarantaine et portait des vêtements d'aujourd'hui. Avec elle, il y avait deux femmes plus âgées en tenue bosno-musulmane traditionnelle.

Rejha était une nouvelle venue au centre. Pendant le siège de Srebrenica, son mari, Ismet, avait été chauffeur pour les forces hollandaises à Potocari. Quand les hommes s'étaient enfuis vers

Tuzla, Ismet était resté avec ses employeurs, croyant que le fait d'être lié aux Nations unies le protégerait. Rejha et Ismet avaient quatre enfants. L'aînée avait dix-huit ans et était la cause de la présence de Rejha à Simin Han. « Ma fille a été emmenée par les soldats serbes à Potocari », nous raconta Rejha. « Après ça, elle est devenue très déprimée et a refusé de parler de cet épisode. Mes plus jeunes enfants me demandent tous les jours des nouvelles de leur père. Mon fils parle même à la photo d'Ismet. Mais pas l'aînée. » Rejha se tût et secoua la tête. « Tout ce qu'elle veut, c'est oublier. »

Pendant la visite du centre, je demandai à Rejha s'il arrivait à ses enfants de célébrer les anniversaires ou les fêtes. Pendant que Aljosa traduisait, Rejha regarda ses deux voisines: « Pas tant que nos maris et nos fils seront toujours portés disparus. Ce serait indécent. »

Comme beaucoup de réfugiés venant de l'est de la Bosnie, Rejha désirait ardemment retourner chez elle, même si elle savait que sa maison était maintenant occupée par une famille serbe. « Nous n'arrêtons pas de parler de nos villes et de nos villages, de notre vie avant la guerre et nous nous disons que ce serait bien de revenir chez nous et de vivre comme des gens normaux. »

Plus tard dans la journée, je me suis entretenu avec la mère de mon interprète, Nevenka Kovac. C'était à Tuzla dans un café près des bureaux d'Amica, une unité de conseils thérapeutiques pour les femmes et les enfants réfugiés. Comme la mère et le fils étaient assis l'un à côté de l'autre, leurs têtes se touchant presque quand ils discutaient et fumaient des cigarettes, j'ai pu constater que les traits ronds et les yeux perçants de la mère se reflétaient, de façon plus prononcée, chez son fils.

Pendant les années qui précédèrent la guerre, Kovac avait été psychologue dans une usine chimique d'Etat, à Tuzla. Quand les Serbes avaient commencé à bombarder la ville pendant l'été 1992, l'usine avait fermé ses portes, et Kovac s'était retrouvée sans travail. En avril 1993, elle avait monté, avec quelques psychologues et psychiatres de la ville, un service d'aide aux réfugiés qui avaient commencé à affluer de Srebrenica et des autres villes assiégées.

« Pendant les six premiers mois, c'était vraiment très dur », nous dit Kovac. « Il y avait très peu à manger dans la ville et j'étais constamment préoccupée par la sécurité de ma famille. Mais je savais que mes problèmes n'étaient rien comparés à ceux des réfugiés. Je suis devenue de plus en plus obsédée par mon travail au point que je ne réussissais même plus à faire la différence entre ma vie et celle des réfugiés dont je m'occupais. Dès que je me sentais mieux, j'étais aussitôt envahie par un sentiment de culpabilité en sachant que ces femmes et leurs enfants avaient tout perdu et souffraient plus que moi. » Kovac se rendit compte que ses collègues ressentaient les mêmes sentiments de culpabilité et de désespoir et finit par monter avec eux un groupe de support psychologique qui leur permit de parler plus ouvertement de leurs propres émotions.

Amica s'occupait également des femmes violées. « C'est un problème terrible, expliqua Kovac, qui doit être traité avec le maximum de compréhension et d'attention. » Beaucoup de femmes refusaient de parler de leur expérience pour un certain nombre de raisons : traumatisme grave, sentiment de honte, manque de confiance, peur de réveiller de mauvais souvenirs et peur des représailles à leur encontre ou à celle de leur famille. C'est pour cela que les psychologues d'Amica ne poussaient ni n'encourageaient les victimes de viol à parler de ce dont elles avaient souffert. « Les femmes doivent se sentir en sécurité avant d'aborder de tels sujets », précisa-t-elle. « Chaque femme doit décider quand elle se sent prête à parler et elle doit le faire au moment où elle le veut et de la façon dont elle le veut. »

Kovac était également préoccupée par le fait que les victimes de viol étaient montrées du doigt par leur propre communauté et que cela ne faisait que fragiliser davantage la structure de ces communautés pourtant déjà affaiblies. Elle nous parla des femmes violées qui avaient dû quitter des centres d'accueil à cause des rumeurs malveillantes véhiculées par des femmes plus âgées sur leur compte. Certaines, dans une tentative de retrouver leur honneur perdu, s'étaient réfugiées dans des mariages désastreux. L'un des cas les plus tragiques était celui d'une jeune Musulmane qui avait été violée près de la base de Potocari par un soldat serbe. A son arrivée en Bosnie centrale, elle donna naissance à une petite-fille. Malgré ses supplications, le père et le frère de cette femme, qui tous deux avaient survécu à leur fuite vers Tuzla, refusèrent qu'elle garde l'enfant. Désespérée, elle avait dû le confier à un orphelinat de la ville mais avait exigé de pouvoir lui rendre visite de temps à autre.

Kovac se dépêcha d'ajouter que beaucoup de familles étaient néanmoins d'un grand soutien pour les victimes de viol et qu'il était faux de dire que toutes se conduisaient si mal. Toujours était-il que cette stigmatisation, qu'elle soit volontaire ou non, était une réalité qu'on ne pouvait pas ignorer. « Notre but est de travailler en étroite liaison avec les femmes et, si possible, avec leurs familles, en particulier avec les hommes, pour les aider à créer une atmosphère où la honte et le reproche seraient bannis. Nous essayons d'aider ces femmes à regagner leur estime d'elles-mêmes, ce qui est fondamental, et à se regarder différemment pour finalement reprendre le contrôle de leur vie. »

Kovac et les autres psychologues avec qui j'ai parlé à Tuzla pensent que les paramilitaires serbes et l'armée bosno-serbe ont utilisé le viol comme arme psychologique, en particulier lors des campagnes de « nettoyage ethnique » du printemps et de l'été 1992.

Dans *Rape Warefare : The Hidden Genocide in Bosnia-Herzegovina and Croatia*, Beverly Allen soutient que les officiers bosno-serbes avaient étudié les moyens les plus efficaces de terroriser les communautés musulmanes. Elle cite un document écrit selon elle fin 1991 par des experts de la guerre psychologique appartenant aux services spéciaux de l'armée: « Notre analyse du comportement des communautés musulmanes démontre que leur moral, leur volonté et leur nature belliqueuse ne pourront être atteints qu'à la seule

condition de diriger notre action vers le point où les structures religieuses et sociales sont les plus fragiles. Nous voulons parler des
femmes, surtout des adolescentes, et des enfants. Une intervention
décisive sur cette partie de la population sèmerait la confusion [...],
provoquant tout d'abord la peur, puis la panique et enfin un retrait
probable des territoires en guerre.»

A une heure de voiture au nord de Tuzla, dans le village de Suha,
Gilles et moi fîmes la rencontre d'un autre groupe de réfugiés de
Srebrenica. Ils vivaient dans une ancienne école transformée en centre d'accueil. Nous fûmes accueillis à l'entrée par sa jeune directrice, accompagnée de deux petits enfants qui s'accrochaient à sa jupe.
Elle nous fit descendre un chemin en pierre qui conduisait à un bâtiment en plâtre blanc et monter un escalier. Au bout d'un couloir
étroit, elle ouvrit une porte qui donnait sur une pièce aux murs
hauts et blanchis à la chaux.

Trois familles – en tout douze femmes et enfants – parta-
geaient cette pièce, mais seules cinq personnes étaient alors
présentes. Un grand tapis oriental décoloré était disposé sur le sol
et des matelas étaient empilés quatre par quatre contre les murs. Il
y avait, près de la porte, un poêle en fonte sur lequel une casserole
de pain perdu mijotait et répandait dans l'air une odeur de con-
fiserie écœurante. Par terre, près du poêle, deux petits enfants
jouaient à la poupée. A côté d'eux, un vieil homme au visage large
et aux sourcils blancs en bataille était assis en tailleur sur un matelas. Il portait un béret bleu, une veste grise et des chaussettes en
grosse laine. Il leva rapidement les yeux pour nous saluer.

De l'autre côté de la pièce, deux femmes en tenue traditionnelle étaient assises sur un long banc en bois sous une fenêtre
donnant sur un pré et un petit étang. Au-dessus de leurs têtes, un
collier en perles vertes de prière était accroché à un loquet en cuivre; quand le vent entrait dans la pièce, les perles battaient doucement sur la chambranle de la fenêtre.

Les Bosno-musulmans ont la réputation d'être de très bons hôtes. Dès que nous eûmes pris place sur un matelas, un plateau sur lequel se trouvaient des petites tasses de café turc épais et noir fit son apparition. Je les remerciai de nous accueillir chez eux et expliquai que je désirais parler avec eux de leur vie avant la guerre et de la façon dont ils avaient survécu au siège de Srebrenica. Pendant que Aljosa traduisait, ils hochaient la tête en signe d'accord. Je ne savais jamais comment Gilles, avec son enchevêtrement d'appareils-photo en travers de la poitrine, et moi-même, allions être acceptés. Mais en fin de compte, on ne nous a jamais refusé un entretien. Au contraire, quand, par exemple, nous avons quitté Suha, un couple de vieux réfugiés, mécontents que nous ne soyons pas allés les voir dans leur chambre, insistèrent pour nous inviter à boire le thé afin de pouvoir nous raconter leur expérience.

« En Bosnie, la plupart des gens voulaient parler de leurs malheurs », a écrit avec justesse Peter Maass dans *Love Thy Neighbor : A Story of War*. « Ils voulaient que le monde extérieur prenne connaissance des injustices dont ils avaient souffert, ils voulaient que la mort d'une épouse, d'un mari ou d'un nourrisson puisse servir à éclairer le monde et mettaient donc leur chagrin de côté pour donner à un journaliste tout le temps qu'il désirait, toutes les informations qu'il souhaitait et ensuite, quand tout avait été dit et que vous étiez sur le point de partir, le mari, l'épouse ou le père accablé de peine, pouvait vous offrir un cadeau, comme si vous lui aviez rendu un service en l'écoutant. »

Dès que Aljosa eut fini de traduire, la plus âgée des deux femmes annonça qu'elle avait quelque chose à dire. Petite, elle portait une robe beige ornée de minuscules roses rouges et un gros pull bleu. Un grand foulard marron en cachemire était noué serré sous son menton ridé et, pendant qu'elle parlait, ses yeux ronds clignaient comme ceux d'un oiseau apeuré. « J'ai quatre-vingt-six ans », dit-elle. « Je connais la guerre. J'ai vu les destructions qu'elle peut causer. Pendant la Seconde guerre mondiale, ils ont tué mon père.

Cette fois-ci, j'ai pensé que ce ne serait pas comme avant : maintenant les gens sont intelligents et instruits et il n'y aura pas autant de brutalité. Mais j'avais tort. Ces hommes ont tué seize membres de ma famille dont mon mari et deux de mes fils.» Elle cacha son visage dans ses mains et commença à se balancer d'avant en arrière sans pouvoir s'arrêter de sangloter.

Après plusieurs minutes, le vieil homme se mit à parler.

«Je m'appelle Hanic. Meho Hanic», dit-il. «J'ai quatre-vingt-trois ans. Ma femme et moi, nous vivons dans une pièce au rez-de-chaussée. Ma femme a eu une attaque et elle est au lit.» Il se tut afin de s'éclaircir la gorge. «Avant la guerre, nous étions fermiers. Nous avions une vache, nous avons toujours eu une vache et donc nous avions du beurre et du fromage pour la maison. Et nous avions assez de légumes. Nous avons toujours cultivé ce dont nous avions besoin. Et les champs. Nous avions plus de champs que n'importe qui dans le village. On travaillait dur mais on avait une belle vie. Quand les hommes d'Arkan ont attaqué notre village, ils ont tué notre fils aîné. Mes deux autres fils et mes six petits-enfants ont disparu quelque part sur la route de Tuzla.»

Il s'arrêta à nouveau et fit un geste ample du bras. «Ils auraient dû me tuer plutôt que les garçons», dit-il. «Regardez-moi. Je suis vieux et plus d'aucune utilité pour personne.»

La porte s'ouvrit et une fille pieds nus vêtue d'un pantalon de survêtement noir et d'un sweatshirt gris se glissa dans la pièce. Une frange auburn droite tombait sur ses yeux. Elle hésita un moment, ne sachant pas quelle attitude adopter devant des étrangers, puis traversa la pièce comme une flèche pour venir s'asseoir en tailleur près de la vieille femme.

Je lui demandai son nom. Elle regarda le vieil homme puis me regarda et dit qu'elle s'appelait Esma et ajouta qu'elle avait quinze ans. Elle avait une voix douce et un sourire triste. C'était son frère cadet qui jouait dans la cour. Ils étaient orphelins et la vieille femme était leur grand-mère.

En entendant son nom, cette dernière secoua la tête et chercha quelque chose dans la poche de sa robe. Elle en sortit une grande clef en cuivre et poussa un soupir.

Esma appuya son menton sur ses genoux et regarda, comme paralysée, sa grand-mère tourner la clef encore et encore dans ses petites mains. Puis la jeune fille releva les yeux.

«Les Serbes ont fait des prisonniers», dit-elle. «C'est ce que des gens nous ont dit. On dit qu'ils sont en Serbie et qu'ils travaillent dans des mines.»

Elle hésita et nous regarda fixement: «Est-ce que vous savez si c'est vrai?»

10

«Un jour, j'aimerais bien vous montrer mon jardin secret. C'est près d'ici, pas loin de la mosquée. J'y vais quand je suis en colère. Quand je traverse le mur d'arbres qui entoure le jardin, j'ai l'impression d'entrer dans un monde totalement différent.»

Pendant qu'elle parlait, les mains de Irfanka Pasagic tremblaient et des volutes de fumée montaient vers son visage pâle. Elle avait la quarantaine, était mince et délicate, presque de façon maladive. De la fin des années quatre-vingt au début des années quatre-vingt-dix, Pasagic avait été l'unique psychiatre en activité de Srebrenica. Elle partageait alors son temps entre son service à l'hôpital de la ville, les visites à ses patients – aussi bien musulmans serbes que croates – et des réunions avec les médecins de la région. Début avril 1992, les «Tigres» d'Arkan avaient élevé des barrages autour de Srebrenica. Un jour, un pharmacien avait disparu. Le lendemain, un enquêteur de police. Puis un contremaître. Un matin, un médecin musulman ne s'était pas présenté à son poste à l'hôpital. Pasagic en avait tiré ses propres conclusions et s'était enfuie à Tuzla. Elle rencontra Nevenka Kovac quelques mois plus tard et commença alors à travailler pour Amica.

Il y avait beaucoup de travail ce jour-là et le seul espace libre du service était la salle de jeux des enfants. Nous prîmes place l'un en face de l'autre sur de petites chaises rouges en plastique. Je lui racontai mes entretiens avec les femmes et les enfants des centres d'accueil et lui demandai quel était, à son avis, le désir le plus cher des réfugiées de Srebrenica.

« Connaître la vérité », répondit-elle. « Elles veulent savoir exactement ce qui est arrivé à leurs maris, à leurs pères et à leurs fils. Cela les obsède jour et nuit. Elles ne pourront pas faire leur travail de deuil tant qu'elles ne sauront pas la vérité.»

Elle alluma une autre cigarette et reprit: «L'absence des hommes est un problème fondamental pour ces femmes. Beaucoup d'entre elles viennent du fin fond de la campagne et ont reçu peu ou pas d'éducation. Dans nos familles musulmanes les plus traditionnelles, les femmes s'occupent de la maison et des champs pendant que leurs maris – qui gagnent souvent seuls l'argent du ménage – travaillent comme saisonniers ou en ville.»

Pendant les années de l'après-guerre, les hommes musulmans circulaient librement dans toute la fédération yougoslave. C'étaient eux qui développaient et maintenaient les liens avec l'Etat unifié yougoslave. Ils passaient plus de temps à cotoyer un environnement défini comme «yougoslave» et à établir un réseau de collègues «yougoslaves», à travers l'éducation, le travail, l'émigration économique et l'armée populaire. C'est ce qui leur a permis d'être très représentés dans le secteur public et la bureaucratie. Par contre, la plupart des femmes de la campagne avaient tendance à restées confinées dans leur voisinage immédiat.

«Arrachées à leur terre, les femmes de Srebrenica sont perdues», confirma Pasagic. «Elles n'ont ni maison, ni terre, ni hommes, ni communauté pour les aider. Elles doivent s'occuper seules de leurs enfants, de leurs parents ou de leurs beaux-parents âgés et bien sûr d'elles-mêmes. A moins qu'elles ne se remarient, ce qui dans beaucoup de cas est improbable, leurs familles ne peuvent compter que sur elles pour subsister, une perspective particulièrement effrayante dans un monde qui leur est complètement étranger.»

«Malheureusement, poursuivit Pasagic, les femmes essaient souvent de régler leurs problèmes à travers leurs enfants. Le peu d'avenir qu'elles entrevoient passe par l'intermédiaire de leurs enfants. Cela pose des problèmes aux enfants, particulièrement aux garçons, parce que les attentes de leur mère et de leur grand-mère sont énormes.»

Pasagic me raconta l'histoire d'une femme qui avait perdu son mari et cinq de ses fils et qui vivait dans un centre d'accueil avec ses cinq belles-filles et plusieurs petits-enfants, dont l'aîné, un garçon de douze ans avait été amené dans le service de Pasagic parce qu'il avait quasiment des crises d'épilepsie. «En parlant avec ce garçon, j'ai découvert qu'il se sentait écrasé par les fortes attentes que les femmes avaient placé en lui pour s'occuper de sa famille. On aurait dit qu'il avait eu ces crises pour crier: ‹Stop, je suis seulement un garçon, vous ne pouvez pas me demander de m'occuper de tout le monde.›»

Pour les femmes de Srebrenica, le traumatisme n'était pas forcément toujours lié à un incident particulier ou à une suite définie d'événements. Il s'agissait plus souvent d'un processus d'accumulation de longue durée qui avait commencé quand elles avaient fui leur village pendant les campagnes de «nettoyage ethnique» de 1992 et 1993 et qui avait continué quand elles avaient lutté pour survivre d'abord à Srebrenica puis à Tuzla en tant que réfugiées. Beaucoup avaient été victimes ou témoins d'actes horriblement cruels comme la torture ou le viol. Elles s'étaient privées pour que leurs enfants aient à manger. Elles disaient qu'elles faisaient des cauchemars et qu'elles avaient des troubles du sommeil, qu'elles étaient anxieuses et qu'elles se sentaient abandonnées et enfin qu'elles avaient du mal à se concentrer. Elles étaient souvent au bord des larmes.

Beaucoup de réfugiées exprimaient une profonde méfiance à l'égard de tout fonctionnaire, homme politique ou association locale ou internationale. Elles ressentaient une rage implacable envers les autorités musulmanes et les Nations unies qui avaient été incapables de défendre l'enclave. Comme l'une des femmes le déclara avec véhémence: «Srebrenica nous a appris que nos vies avaient moins de valeur que celles des soldats de l'ONU. C'est ça, pour nous, la leçon à en tirer.»

De tels déchaînements étaient fréquents. La condamnation de quelqu'un ou de quelque chose est une quête à la fois de cause et de sens. Cela sert également de vengeance symbolique bien que souvent temporaire. Cela donne également une illusion momentanée de pouvoir car les sentiments sont mobilisés, canalisés et collectivement partagés. Pour les femmes de Srebrenica, faire porter à la communauté internationale la responsabilité de leurs souffrances et de la perte de leurs hommes était compréhensible. Mais, cela prit également parfois une tournure violente. L'incident le plus grave eut lieu le 2 février 1996 quand des centaines de femmes prirent d'assaut le siège du CICR à Tuzla, brisant les vitres et occupant les bureaux. Elles exigèrent que de plus grands efforts soient faits pour retrouver les hommes disparus qui, affirmaient-elles, étaient prisonniers ou esclaves dans des mines de Serbie. Le CICR avait pourtant inspecté les prisons bosno-serbes à la suite des accords de Dayton sans y trouver aucun homme de Srebrenica.

La colère des femmes s'était principalement focalisée sur le programme d'«attestations de décès» du CICR. Depuis la signature des accords de Dayton, en décembre 1995, le CICR avait tenté, fidèle à sa tradition humanitaire, de rapprocher les familles séparées par la guerre et dressé pour cela une liste de 19 000 personnes qui avaient disparu d'un côté ou de l'autre pendant la guerre en Bosnie. Pour qu'un nom figure sur cette liste, le CICR demandait à un proche parent de donner le nom complet du disparu, le nom de son père, la date et le lieu de sa naissance et la date et le lieu où il avait été vu pour la dernière fois. L'organisation envoyait ensuite ces informations aux autorités idoines en Republika Srpska ou en Confédération croato-musulmane de Bosnie-Herzégovine. Toute réponse fournie par ces autorités était automatiquement recoupée avec celle fournie par l'épouse ou d'autres témoins qui pouvaient avoir été présents quand l'homme avait disparu. Si les délégués du

CICR étaient convaincus que la personne était décédée, ils donnaient une «attestation de décès» à la famille. Fin 1997, des centaines d'attestations avaient ainsi été délivrées dans toute la Bosnie.

Quand je demandai à Rejha du centre Simin Han son opinion sur ce programme, elle rougit de colère. «Nous ne croyons pas [le CICR]», dit-elle. «Ils viennent ici avec un bout de papier qui dit que telle ou telle personne est morte. Mais qui leur a donné cette information? Les mêmes qui ont détruit nos maisons et nos villages et tué nos maris. Et où sont les preuves? Où est le corps? Ils n'ont même pas de carte d'identité ou de vêtement à nous montrer. Si mon mari est mort, je veux savoir où est son corps. Et s'il est en vie, je veux savoir où on l'a emmené.»

Les délégués du CICR furent consternés par l'intensité de la colère dirigée contre eux. Pendant la guerre, ils avaient été les anges de la miséricorde, apportant de la nourriture et des médicaments aux communautés bosniaques assiégées. Maintenant, presque deux ans après la signature des accords de Dayton, ils étaient diabolisés et déclarés persona non grata, des sortes de faux messagers de la mort. Les délégués de la Croix rouge auraient pu délivrer ces certificats avec plus de sensibilité et d'à propos, mais ils étaient aussi les victimes malchanceuses des circonstances. Avec les troupes de l'OTAN, le CICR était le plus exposé de tous les organismes internationaux et donc une cible parfaite de raillerie.

Le programme d'attestations de décès était probablement maudit dès le départ. L'organisation s'était précipitée «pour aider les femmes à fermer la porte sur leur passé afin de prendre un nouveau départ», comme le remarqua un délégué de la Croix rouge, et avait oublié que la mort a deux visages. «L'un, selon Kundera, est le non être; l'autre le terrifiant être matériel qu'est le cadavre.» Sans corps (ou même une photographie d'un cadavre ou un vêtement), beaucoup de femmes, si ce n'est la plupart, ne pouvaient pas ou ne voulaient pas – du moins pour le moment – accepter «le papier de la mort».

Les rituels funéraires dans certaines cultures et communautés religieuses sont explicitement organisés pour commémorer les morts, mais il existe toujours des rites de passage pour les principaux survivants, un mécanisme qui sert à recoudre la déchirure que la mort a faite dans le tissu social. Les enterrements sont l'expression des liens émotionnels entre les vivants et les morts, qu'ils soient de l'ordre du respect ou du chagrin. Pour les Bosno-musulmans, le deuil est une expérience à partager pour renforcer la solidarité à l'intérieur de la famille et de la communauté. L'absence du corps («le terrifiant être matériel» de Kundera) privait les femmes de Srebrenica non seulement du rituel funéraire mais aussi des signaux visuels qui les auraient aidées à accepter la mort de leurs êtres chers et à accéder aux stades du deuil et du chagrin.

La mort dans les communautés traditionnelles bosno-musulmanes est accompagnée de certains rituels obligatoires. Il y a tout d'abord la toilette ritualisée du cadavre par un «hodza», un enseignant islamique, pour les décédés de sexe masculin, et par une «bula», une instructrice religieuse, pour les mortes. Après la toilette, on enveloppe le cadavre dans un linceul blanc et on le place dans un cercueil ouvert. Seuls les hommes de la famille et du village peuvent accompagner le mort à la mosquée puis au cimetière. Les femmes, pendant ce temps, restent dans la maison du mort pour le «tevhid», une prière collective pour les disparus. Pendant des jours et des semaines, les hommes et les femmes organisent des «tevhid» séparés ou quelquefois collectifs. Le principal but du «tevhid» pour la femme bosno-musulmane traditionnelle, selon les mots de l'anthropologue Tone Bringa, «est de remplir l'obligation de veiller au bien-être spirituel des personnes décédées avec qui leur famille a entretenu des relations sociales proches, de parenté, de voisinage ou d'amitié».

Toutes les femmes de Srebrenica n'ont pas mal vécu l'absence de ces rites. Certaines femmes, en effet, sans pour autant renier leur héritage musulman, ne se considéraient pas elles-mêmes comme « traditionnelles » mais plutôt comme « bosniaques » ou même « yougoslaves ». D'autres femmes avaient complètement abandonné leur identité musulmane, par choix personnel, par mariage avec un homme d'un autre groupe ethnique ou religieux ou par assimilation progressive à un mode de vie plus laïque ou urbain. Enfin, d'autres désiraient gérer la perte de leurs êtres chers de façon strictement personnelle ou familiale.

Mais, sans corps ni funérailles, beaucoup de femmes – pratiquantes ou non – ne pouvaient visualiser la mort de leur mari ou de leur fils et donc l'accepter comme réalité. « Ainsi, commenta Nevenka Kovac, quand les femmes décident de prendre un nouveau départ, elles ressentent souvent de forts sentiments de culpabilité parce qu'elles se disent : ‹Bon, peut-être, seulement peut-être, il est encore vivant.› »

L'espoir était devenu un mécanisme de survie et il était difficile d'y renoncer. Mi-octobre 1997, quelque quatre cents femmes de Srebrenica manifestèrent dans les rues de Sarajevo pour exiger des informations sur leurs parents disparus. Au siège du CICR, elles brandirent des banderoles sur lesquelles on pouvait lire : « La vérité doit être connue » ou « Donnez-nous des preuves de leur mort ». Une manifestante avait écrit sur la sienne : « Mon fils, ta mère te cherche. »

Il était facile de comprendre pourquoi tant de femmes refusaient de perdre espoir. Comment des milliers d'hommes avaient-ils pu être tués pendant une période aussi courte ? Si tant d'entre eux avaient été tués, pourquoi n'avait-on retrouvé dans les charniers et le long de la route de Tuzla que quelques centaines de corps ? Il y avait de plus des rumeurs qui disaient que les hommes avaient été emmenés dans des camps de travail en Serbie. Ces histoires étaient souvent relayées, volontairement ou non, par la presse ou les associations d'aide aux réfugiés qui publiaient fréquemment des informations sur les hommes disparus sans les vérifier auparavant. Fatima Huseinovic, la présidente des « Femmes de Srebrenica », la plus grande et la plus importante organisation de réfugiés, basée à Tuzla, me montra l'une de ses brochures. Elle était en bosniaque et en anglais. Sur la couverture, il y avait écrit en gras: «OU SONT-ILS?» Et au-dessus du titre, il y avait une photographie en noir et blanc qu'un correspondant de *Newsweek* avait donnée à Huseinovic. Elle représentait des prisonniers, en rang par trois, la tête inclinée et les mains attachées derrière le dos. Derrière eux se tenait un homme qui avait à la main une tondeuse à cheveux électrique.

Huseinovic était persuadée qu'un des hommes de la première rangée était son mari, Munib, qui avait disparu de la base hollandaise de Potocari le 13 juillet 1995. «Ce que je ne comprends pas, me dit-elle, c'est la raison pour laquelle les Serbes auraient coupé les cheveux de ces hommes s'ils savaient qu'ils allaient les tuer. Cela n'a pas de sens. Cela me donne l'espoir que certains de ces hommes sont peut-être encore en vie.» En fin de compte, Huseinovic n'avait pas l'air si convaincu quand elle disait qu'il s'agissait de son mari sur la photo, mais la seule pensée que cela soit le cas semblait lui être d'un grand réconfort. Plus tard, quand nous sommes retournés aux Etats-Unis avec Gilles, nous avons découvert que la photo représentait bien des prisonniers musulmans, mais qu'elle avait été publiée pour la première fois dans *Newsweek* le 17 août 1992, soit trois ans avant la chute de Srebrenica et la disparition du mari de Huseinovic.

II

Fin 1997, des milliers de réfugiés de Srebrenica étaient passés par les centres d'accueil des environs de Tuzla. Les plus chanceux avaient des parents qui vivaient dans des appartements ou des maisons dans les zones de Bosnie-Herzégovine contrôlées par les Musulmans et qui voulaient bien les accueillir. Les autres restaient dans les centres ou étaient envoyés dans l'une des onze colonies d'habitation, situées à la campagne, souvent à seulement quelques kilomètres des anciennes lignes de front et de la zone actuelle de séparation entre les Serbes et les Musulmans. Quelques réfugiés réussirent, grâce à leurs contacts avec des organismes d'aide internationaux, à trouver des logements indépendants. Mais des propriétaires peu scrupuleux s'enrichirent grâce à cette situation. Beaucoup de réfugiés se retrouvaient à la rue quand ils ne s'acquittaient pas de leur loyer exorbitant.

Etre obligé de rester dans un centre d'accueil ou être transféré dans une colonie d'habitation près de la zone de séparation n'était pas un sort enviable. Beaucoup de bâtiments avaient été sur la ligne de feu pendant la guerre et leurs fenêtres et leurs murs foudroyés par des obus étaient couverts de bouts de plastique bleu clair, affublés du sempiternel emblème de l'ONU, qui tenaient grâce à du ruban adhésif. Certains jours, on entendait un concert de bouts de plastique qui ondulaient et claquaient dans le vent. Souvent, une centaine de réfugiés partageait un seul W-C qui débordait constamment. L'eau potable était rare et les provisions de nourriture n'arrivaient pas toujours.

La plupart des réfugiés avaient appris à se débrouiller dans un monde dévasté par la guerre. Ils pouvaient supporter les privations matérielles mais ce qui les rongeait le plus c'était les privations psychologiques. Il régnait dans les centres, particulièrement pendant les mois lugubres de l'hiver, un ennui si désespérant qu'on pouvait le lire sur le visage des jeunes gens. Le surpeuplement et les différences de générations provoquaient souvent des conflits entre les femmes âgées et les plus jeunes. Le destin inconnu des hommes disparus planait comme un orage menaçant sur beaucoup d'altercations. Tima Jakubovic, une jeune mère qui avait perdu son mari, se plaignait des femmes plus âgées qui lui reprochaient d'écouter avec ses amies une station de radio de rock locale. «Les plus vieilles n'aiment pas ça», dit-elle. «Elles disent que c'est un manque de respect. Une femme a même pointé son doigt vers moi en me disant: ‹Et ton mari, Tima?› Ses paroles m'ont blessée mais je l'ai comprise. Cette femme avait perdu tant de ses proches qu'elle avait décidé au plus profond d'elle-même qu'elle ne recommencerait pas à vivre tant qu'ils n'auraient pas été retrouvés. Donc, par respect, nous n'écoutons plus la radio quand les plus âgées sont dans les alentours.»

Les mères étaient également critiquées pour leur manque de patience envers leurs enfants et pour les corrections qu'elles leur infligeaient à la moindre bêtise. «Le problème, ce n'est pas tant la négligence, m'expliqua Tima, mais le fait que les femmes perdent beaucoup de temps et d'énergie à trouver de quoi manger et des vêtements pour leurs enfants. Elles sont traumatisées par le passé et effrayées par l'avenir. Elles s'énervent facilement et frappent leurs enfants.»

Kovac me parla d'un autre point problématique: les rapports souvent teintés d'angoisse qu'entretenaient les orphelins et leur grand-mère ou d'autres femmes de la famille chez qui on les avait envoyés. «Les grands-mères ne voient pas que leurs petits-enfants souffrent. Elles croient que si l'enfant est calme, c'est qu'il va bien. Ce qui est bien sûr souvent le comportement typique d'un enfant traumatisé. Alors, quelquefois, commence un cercle vicieux. La grand-mère ne veut pas que l'enfant sache qu'elle souffre et l'enfant, imitant sa grand-mère, garde ses émotions pour lui. Ce qui, au début, est une volonté de se protéger mutuellement se détériore progressivement pour devenir un repli sur soi et un rejet. Le plus difficile est de réussir à ce que à la fois la grand-mère et l'enfant brisent ce cycle malsain et expriment leur souffrance.

Pendant les trois ans de siège de Srebrenica par l'armée bosno-serbe, des centaines d'enfants perdirent leurs parents. La plupart échouèrent dans un orphelinat de la ville, juste à la sortie de Tuzla. En juin 1997, quand nous l'avons visité avec Gilles, il abritait encore 150 orphelins. Parmi eux, 110 venaient de Srebrenica et d'autres villes « nettoyées ethniquement » ainsi que de villages alentours. La grande majorité avaient perdu père et mère, mais d'autres avaient été abandonnés parce que l'un des parents, ou les deux, n'avait pas pu ou pas voulu s'occuper d'eux.

Construit juste après la Seconde guerre mondiale, l'orphelinat de Tuzla était l'un des cinq orphelinats d'Etat de Bosnie. Il était composé de deux bâtiments ternes en briques brunes, séparés par un jardin laissé à l'abandon, dont les hautes herbes montaient jusqu'aux genoux. Depuis l'entrée de l'orphelinat, on pouvait entendre le sifflement de la circulation sur l'autoroute qui relie Tuzla au nord-ouest de la Bosnie. Le plus petit des deux bâtiments en briques, surnommé « Kekec », « notre enfant », servait à la fois de crèche pour les enfants du voisinage et de maison pour les orphelins de moins de sept ans.

Le jour de notre visite, les enfants se tenaient par groupes autour d'un feu que les ouvriers avaient allumé sur une butte près des bâtiments. On était en fin d'après-midi et les enfants profitaient de leur dernière heure de jeu avant le dîner et le coucher. Les ouvriers ramassaient des débris sur le sol, et quand ils lançaient un bout de bois dans le feu, des colonnes d'étincelles tournoyantes montaient vers le ciel sombre et s'envolaient au-dessus de la tête des enfants qui lançaient leurs bras en l'air et criaient de joie.

Plus tard, pendant que les enfants montaient en courant les escaliers et prenaient place autour d'une longue table, j'ai visité les bâtiments avec leur directrice, Melika Aliefendic. C'était une femme charmante – un peu moins de la cinquantaine supposais-je – qui finissait toujours ses phrases en joignant ses mains devant son visage. Aidée de deux assistantes d'un peu moins de vingt ans, elle avait sous sa responsabilité trente-trois petits orphelins. Le dernier arrivé était un bébé de trois mois qui avait été abandonné dans un cimetière juste devant l'hôpital de Tuzla.

«Je m'inquiète pour le développement de ces enfants», me dit Aliefendic tandis que nous montions l'escalier qui menait à leur dortoir. «Comme vous avez pu le voir, les enfants sont propres et bien nourris, mais, en fin de compte, ils seraient beaucoup mieux chez eux.»

Les doutes d'Aliefendic étaient confirmés par les nombreuses études conduites sur les orphelins de par le monde. Dès 1909, des chercheurs en médecine américains avaient dit que l'orphelinat n'était pas un lieu idéal pour la croissance et le développement d'enfants en bonne santé. On avait découvert que les enfants de moins de quatre ans connaissaient des problèmes de développement et que leur QI était moins élevé que celui des enfants élevés à la maison. Même des personnes qui s'occupaient à temps partiel des enfants, ce qui était déjà un peu mieux qu'une absence totale de contact, ne réussissaient pas à améliorer significativement la croissance et le développement des jeunes orphelins. Des chercheurs anglais qui se sont penchés sur des enfants placés tout petits en institution, puis adoptés ou repris par leurs parents biologiques, ont trouvé que quand ces enfants atteignaient l'adolescence, ils éprouvaient souvent des difficultés dans leur relation avec les autres enfants et la société en général. La raison n'est pas complètement élucidée. Peut-être leurs expériences dans les institutions leur ont-elles donné peu d'indices sur la façon de gérer leurs relations avec les autres. Ou bien ont-ils appris à se comporter d'une certaine manière, parfaite pour le monde de l'institution, mais inadaptée au monde extérieur.

La vie à l'orphelinat Kekek était souvent très dure pour les enfants de cinq ou six ans, expliqua Aliefendic. A cet âge, les enfants sont juste en train de maîtriser les quatre caractéristiques essentielles de la mort: elle a une cause spécifique, elle entraîne l'arrêt de l'activité corporelle, elle est irréversible et enfin elle est universelle. Avant, les enfants hochent de la tête avec gravité quand on leur dit que leur père est mort mais ils continuent d'attendre qu'il fasse irruption d'un moment à l'autre à l'orphelinat.

« J'ai le cœur brisé quand je vois ces enfants à la fin de la journée. Quand leurs petits camarades du voisinage se rassemblent sur les marches devant l'entrée, les orphelins se mettent en rang derrière les fenêtres pour ne pas rater l'arrivée des mères de leurs amis. Puis, quand chaque enfant est récupérée par sa mère, les orphelins agitent leurs mains en signe d'adieu. Cela dure longtemps. Ils réalisent probablement un peu plus chaque jour que leur propre mère ne viendra jamais les chercher. »

Quand les jeunes orphelins atteignent l'âge de sept ans, ils sont transférés dans l'autre bâtiment. Là, on les affecte à l'une des huit « Porodicas » ou « unités familiales » qui comprend jusqu'à vingt garçons et filles. Dans chaque porodica, il y a une salle commune, une cuisine, des chambres pour les filles et d'autres pour les garçons. Dans chacune d'entre elles, il peut y avoir jusqu'à six enfants d'âges variés. Chaque unité est placée sous le contrôle d'un homme et d'une femme qui élèvent par ailleurs leurs propres enfants et qui servent de parents de substitution en soutenant les orphelins et en leur donnant des taches journalières. Quand les orphelins atteignent la majorité, ils doivent quitter l'orphelinat et voler de leurs propres ailes.

Je trouvai Nasa Hadic, la « maman de substitution » de la « porodica 6 », au fond d'un long couloir à l'éternel gris institutionnel qui résonnait de claquements de portes et de voix haut perchées. Pendant plus de dix ans, cette minuscule femme au sourire chaleureux et à la poignée de main ferme avait élevé ses propres enfants tout en s'occupant de dizaines d'orphelins – une mère toujours patiente écoutant leurs colères, soignant leurs petits bobos, les aidant à faire leurs devoirs et, en pleine guerre, pendant que les obus explosaient autour d'eux, apaisant leurs peurs.

Hadic me fit passer dans la pièce principale de sa porodica où cinq adolescentes et un jeune garçon étaient affalés sur un vieux divan. Elle me les présenta très rapidement. Deux des filles étaient de parfaites jumelles et une autre avait son bras sur les épaules de son jeune frère. «Ils viennent tous de Srebrenica», commenta-t-elle. «Et s'ils ne vont pas *tous* faire leurs devoirs immédiatement, dit-elle en essayant d'adopter un ton sévère, ils seront privés de *visite* de la ville cette semaine.»

Hors de portée d'oreille, je demandai à Hadic comment s'en tiraient les orphelins de Srebrenica. Leurs besoins étaient-ils différents de ceux des enfants qui n'avaient pas perdu leurs parents lors du nettoyage ethnique? Hadic fronçait les sourcils et hochait la tête pendant la traduction. «Nous ne faisons pas de différence ici», finit-elle par répondre. «Les orphelins de guerre et les enfants abandonnés vivent ensemble et partagent les mêmes chambres. Pour les enfants de Srebrenica, c'est la première année qui a été la plus dure. Souvent, je les ai retrouvés seuls et en larmes. Et c'était particulièrement difficile pour les enfants uniques. Puis, ils ont commencé à parler de moins en moins du passé. Maintenant nous éprouvons surtout des difficultés à leur faire parler de leurs problèmes.»

Les dortoirs des filles et des garçons se trouvaient au fond d'un vestibule étroit. Ils étaient spartiates mais propres. Le sol était presque entièrement recouvert de lits, avec juste un peu d'espace libre autour. La chambre des garçons était propre et rangée, mais ce n'était rien à côté de celle des filles: elle aurait fait flancher le cœur de n'importe quel sergent instructeur. Chaque lit était fait au carré. Pas un plis à l'horizon. En haut d'une armoire, comme si elles étaient prêtes à partir en manœuvres, il y avait une brigade de sept barbies et au-dessus d'elles une affiche où les filles avaient rassemblé les photos de tous ceux qui faisaient vibrer le cœur des adolescentes américaines, entre autres Michael Bolton et George Michael.

Hadic ouvrit les portes d'une grande penderie et recula: chaque fille avait pendu ses vêtements en ordre parfait, et aligné, l'une à côté de l'autre, telles des nouvelles voitures sur le parking d'un concessionnaire, ses chaussures cirées avec soin. «Est-ce que vous pouvez croire ça?» chuchota-t-elle. «Regardez comme chaque fille a délimité son territoire et comme c'est propre. C'est vraiment incroyable.» C'était comme si après le chaos de la guerre et après ce qu'elles avaient enduré et perdu, les orphelines avaient enfin trouvé un espace, même limité et petit, qu'elles pouvaient dire le leur et contrôler, un espace dans lequel, au-delà de tout, l'ordre était roi.

«C'était une époque où j'étais vraiment paumé», me dit Ibrahim tout en vissant sa casquette de base-ball rouge sur son front. «Je buvais toutes les nuits. Je faisais des cauchemars et je n'arrivais pas à dormir. Mais, je crois surtout que j'étais en colère. Je me sentais coupable parce que j'avais réussi à m'enfuir dans les bois mais pas mon père ni mon frère. Quand je buvais, je me sentais juste un peu mieux.»

Puis, un jour glacial de décembre 1995, à l'aube, Ibrahim se réveilla encore ivre dans la cage d'escalier du centre d'accueil où il vivait avec sa mère et son frère cadet. La nuit précédente, il avait parcouru à pieds avec deux amis les six kilomètres qui les séparaient du village voisin pour finalement échouer dans un bar et se saouler à la bierre et à la liqueur de prune pendant toute la nuit. Ibrahim payait les verres avec l'argent qu'il avait gagné pendant la semaine en coupant du bois pour un couple de commerçants. Quand il eut tout dépensé, les garçons quittèrent le bar et retournèrent au centre en titubant. Avant de monter les escaliers qui menaient à sa chambre, Ibrahim décida de fumer une dernière cigarette et de s'éclaircir l'esprit.

Le lendemain matin, toujours à moitié soûl et complètement gelé, Ibrahim jura de ne jamais plus retoucher à l'alcool.

Quand je l'ai rencontré, il avait vingt ans et venait juste de rejoindre l'armée. Mais il vivait encore dans le centre avec sa mère et son frère et, bien que cela fît plus de dix-huit mois qu'il n'avait pas touché à un verre, il continuait à faire des cauchemars: «Je rêve toujours beaucoup de mon père. Toujours et toujours le même cauchemar. Je le vois mais lui ne peut pas me voir. Quelquefois quand je l'appelle, il passe devant moi comme si je n'étais pas là. Quand je suis seul, je pense à ce qui s'est passé sur le sentier et ça me met en colère. Je sais maintenant que je ne pourrai jamais retourner vivre avec les Serbes. Comprenez-moi, non seulement ils ont tué mon père et mon frère mais ils ont aussi tué beaucoup d'autres membres de ma famille. La plupart de mes amis n'ont pas survécu. Si la guerre recommence, je chercherai à me venger, peut-être pas de tous les Serbes, mais à coup sûr de ceux qui ont tué mon père et mon frère. Il y a beaucoup de garçons comme moi, beaucoup, qui voudraient venger la mort de leur père et de leur frère.»

Ibrahim a sans doute raison, mais la plupart des garçons que j'ai rencontrés dans les centres m'ont semblé plus intéressés par les filles ou par la recherche de travail que par le règlement de vieux comptes avec leurs ennemis. Quand j'ai demandé à un groupe de garçons du centre de Lipnica s'ils voulaient se venger des Serbes, ils se sont regardés entre eux et ont haussé les épaules: «Pourquoi?» a dit l'un des plus âgés. «Qu'est ce que ça changerait maintenant?»

Plus tard, quand j'ai mentionné à Irfanka Pasagic ce décalage entre la réponse d'Ibrahim et celle des autres garçons, elle m'a dit qu'elle aussi était étonnée de l'absence de discours de haine ou de revanche chez les réfugiés. Mais elle me fit remarquer que de tels sentiments étaient peut-être latents: «Ce qui compte maintenant, c'est le message que la communauté internationale envoie à ces garçons et qu'ils transmettront plus tard à leurs enfants. Si vous dîtes à un enfant ‹ Regarde cet homme là-bas a tué ton père et maintenant il vit dans ta maison ›, quel genre de message faites-vous passer? Mais si vous lui dîtes ‹ Cet homme a tué ton père et c'est la raison pour laquelle il est en prison ›, le message est très différent. Il y a peut-être maintenant très peu de haine et de besoin de revanche, mais si nous ne trouvons pas le moyen de punir les responsables de ces crimes, c'est quelque chose sur lequel il faudra certainement compter dans l'avenir.»

Quand je demandai aux garçons de Lipnica s'ils pensaient que Mladic et Karadzic devaient être arrêtés et jugés, ils gloussèrent cyniquement. «OK, très bien. Mais qui va les arrêter?» demanda l'un des plus âgés. « Peut-être les Hollandais, ils le connaissent Ratko [Mladic]!» dit un autre en tapant sur ses genoux. Pour ne pas être en reste, un troisième ajouta: «Pendant que vous y êtes, n'oubliez pas d'arrêter Tudjman et Izetbegovic.»

12

Contrairement aux enquêteurs de Srebrenica, les experts croates de la morgue de l'université de Zagreb accomplissaient des progrès considérables dans l'identification des restes du charnier d'Ovcara. Ils avaient identifié 81 des 200 corps. Cependant, ils étaient inquiets à l'idée que le rythme allait bientôt être ralenti par le manque d'informations antemortem telles que les radios des dents ou les dossiers médicaux. Pour aider à rafraîchir la mémoire des familles des victimes présumées, ils firent circuler parmi elles des albums photo contenant des photographies d'effets personnels et de vêtements caractéristiques trouvés sur les corps.

« Quand j'ai commencé à pratiquer la médecine légale, il y a plus de dix-sept ans, je n'aurais jamais imaginé que je ferais un jour ce que je suis en train de faire maintenant », me confia l'expert légiste en charge de l'enquête sur la fosse d'Ovcara, Davor Strinovic. « Les catastrophes, pourquoi pas. Un accident de mine, un crash aérien, c'est inévitable. Mais pas le genre de choses que je dois faire dans cette guerre. Comme l'anatomo-pathologiste de Tuzla, Zdenko Cihlarz, Strinovic avait été chargé de la récupération des cadavres des soldats sur le front et de la coordination des échanges de corps avec les Serbes. « Quand la guerre s'est intensifiée et que les bombardements ont redoublé, nous avons commencé à voir de plus en plus de morts civils, très souvent des vieillards qui avaient refusé de quitter leur village. Dans cette guerre personne n'était à l'abri – soldat ou civil, bien portant ou blessé, jeune ou vieux – tout ce qui comptait, c'était l'origine ethnique. »

J'avais rencontré pour la première fois Strinovic quatre ans plus tôt quand, avec Clyde Snow, nous avions fait notre premier séjour à la ferme d'Ovcara. Je l'avais revu deux ou trois fois depuis. Maintenant, alors que je le regardais s'asseoir à son bureau au-dessus de la morgue, je me rendis compte qu'il avait considérablement vieilli. Tous les traits de son visage s'étaient affaissés et ses cheveux sombres bouclés commençaient à grisonner sérieusement. Pendant que nous parlions, des parents des hommes massacrés à la ferme d'Ovcara arrivaient dans le vestibule attenant au bureau. Chaque matin, ils se rassemblaient là dans l'espoir d'apprendre qu'un fils ou un mari avait été identifié. Quand le bruit des voix se faisait plus fort dans le vestibule – signe que d'autres parents venaient d'arriver – Strinovic jetait des coups d'œil sur la porte de son bureau, rentrait la tête dans les épaules et ses mains se crispaient.

«Je suis certain qu'un jour j'aurai des problèmes psychologiques à cause de ce travail», me dit-il. Puis, il sembla réfléchir: «Enfin, je n'espère pas. Je peux vous dire que le plus douloureux c'est d'avoir affaire aux mères. Pendant presque cinq ans, elles ont attendu des nouvelles. Est-il vivant? Est-il mort? Puis, tout à coup, les exhumations ont commencé à Ovcara et les corps sont arrivés à la morgue. Certaines mères sont calmes et professionnelles, conscientes que nous faisons de notre mieux. Elles nous fournissent des descriptions physiques détaillées de leur mari ou de leur fils et nous aident à retrouver de vieux dossiers médicaux. Elles essayent aussi d'aider les femmes qui n'arrivent pas à accepter l'inévitable. Puis, il y a les hystériques qui crient et gémissent sans arrêt: tout le monde est coupable – je suis coupable, le président est coupable, l'ONU est coupable. Certaines mères attendaient un miracle, un bienfait du ciel, qui leur ramènerait leur enfant par magie. Puis vient le jour où le corps est identifié et où je dois en informer la mère. J'essaye de la ménager mais ce n'est jamais facile. Toutes ces années d'espoir sont annulées en quelques secondes. J'explique avec douceur ce que nous avons trouvé. Mais je sais que mes mots doivent sonner cruellement à ses oreilles. C'est presque comme si je leur disais: ‹OK, c'est fini, arrêtez de rêver, arrêtez de penser à quelque chose qui n'existe plus, votre fils est mort et il n'est plus maintenant qu'un tas d'os et rien d'autre, il est en paix.› Quelquefois elles se mettent à me raconter des histoires sur leur fils et je me mets à pleurer. Je n'arrive pas à garder mon calme et à me dire : ‹OK, reste professionnel, ce n'est juste qu'un cas de plus de résolu, maintenant, il est temps de passer à un autre.›»

Un jour, en fin d'après-midi, je me suis entretenu avec Ivan Herzog, Jasminka Levic et Marija Brkic, dans une salle de conférence du département de médecine de l'université de Zagreb. Tous les trois étaient des parents des hommes dont les corps avaient été exhumés de la fosse d'Ovcara et identifiés par Strinovic et son équipe dans les quatre derniers mois. Un jeune docteur en médecine, Igor Begovic, me servait d'interprète.

Marija Brkic, une femme d'âge moyen qui portait un très long manteau marron avec un épais col de fourrure parla la première : «Je pleure un fils et un mari qui ont été tués dans ce lieu horrible. Mon fils était l'un des blessés de l'hôpital et je suis certaine que mon mari a été constamment à ses côtés, et qu'il a veillé sur lui jusqu'à la fin. On m'a dit que les Serbes ont déclaré que mon fils était un responsable Oustachi. Bon, si c'est ce qu'ils croyaient, pourquoi alors ne l'ont-ils pas inculpé et jugé. Ils n'auraient jamais dû les exécuter. Cela faisait six ans que j'attendais, que j'espérais leur retour. Je ne trouve pas les bons mots. Mon chagrin est trop grand. Je ne sais pas quoi vous dire d'autre.»

Quand Brkic se tut, la pièce tomba dans un silence complet. Puis Ivan Herzog, un gros homme au visage large et à la voix altérée par l'émotion parla : «Je suis le père de Goran Herzog, un des résistants de Vukovar. Il avait vingt-et-un ans, c'était mon seul enfant. Comme le fils de madame, Goran récupérait de ses blessures à l'hôpital de Vukovar, quand les Serbes l'ont emmené pour le tuer. J'ai entendu dire qu'on le soupçonnait d'être une sorte de mercenaire parce qu'il avait un nom de famille allemand. Mais ce n'était pas du tout le cas. Mon fils est né à Vukovar et a reçu une éducation catholique. C'était un enfant absolument normal, jamais agressif, qui ne cherchait pas les problèmes ni à faire de mal à quiconque. Comment aurait-il pu être un mercenaire ? Notre famille était de Vukovar. C'était notre terre, c'était chez nous. Nous avions deux maisons. Des maisons que j'ai construites de mes propres mains. Au début d'août 91, quand les combats ont commencé, j'ai dû repartir en Allemagne pour reprendre mon boulot de camionneur. Si je n'y allais pas, je perdais ma place.»

Puis ce fut au tour de Jasminka Levic de parler. Presque la cinquantaine, c'était une femme attirante avec des cheveux auburn souples et des yeux en amandes. Elle portait une chaîne avec une petite croix en argent et quand elle parlait, elle n'arrêtait pas de caresser son menton avec la croix. « Contrairement à monsieur Herzog, dit-elle, je ne suis pas de Vukovar. Je viens de Zagreb où je vis avec mon fils de onze ans, ‹Tin›, dans un appartement. Je suis pharmacienne tout comme l'était mon mari, Tomislav, qui, comme les autres, a été brutalement assassiné après avoir été emmené de l'hôpital de Vukovar. La dernière fois que je l'ai vu, c'était le 25 septembre 1991 quand il a quitté Zagreb pour aller à Vukovar avec vingt autres volontaires. Le fait d'être pharmacien lui permettait bien sûr d'avoir accès à beaucoup de médicaments et de matériel. Il en avait pris avec lui pour aider à monter une unité médicale sur le front. Il s'est passé un mois avant que j'apprenne qu'il avait été blessé au bras et à la poitrine par un éclat d'obus et qu'il était soigné à l'hôpital de Vukovar.»

«Je suis désolée de vous interrompre», dit soudain Brkic en touchant le bras de Levic.

«Ce n'est rien.»

«Non vraiment, je suis désolée. Je ne peux pas rester. Mon cœur n'est tout simplement pas assez grand pour contenir tant de chagrin. Je suis seulement reconnaissante de pouvoir récupérer les restes de mon mari et de pouvoir l'honorer. C'est très douloureux. Je crois que je suis incapable de parler aujourd'hui. S'il vous plaît, pardonnez-moi. Je suis obligée de partir.»

Quand elle eut quitté la pièce, Levic poursuivit: «C'était très difficile pour Tin de ne pas avoir son père auprès de lui. Il avait atteint un âge où il désirait désespérément avoir un père – quelqu'un qu'il respecterait, avec qui il ferait des choses, dont il serait fier devant ses amis. Eux avaient un père mais pas lui. Il est devenu de plus en plus aigri et a finalement arrêté de demander de ses nouvelles. Au moment où les exhumations ont commencé, j'avais déjà appris que mon mari faisait probablement partie des hommes exécutés à la ferme d'Ovcara. Je l'avais caché à Tin. Mais avec les articles qui paraissaient dans la presse sur les exhumations, j'ai été obligée de lui dire quelque chose. Donc j'ai dit à Tin que peut-être il devait s'attendre au pire. Puis un jour, le docteur Strinovic m'a appelée pour savoir si j'avais les dossiers médicaux de Tomislav. J'ai trouvé une radio d'une vieille fracture du bras et par chance son dentiste avait conservé son dossier dans ses fichiers. Tout correspondait parfaitement. Par miracle, mon mari a été l'un des premiers à être identifié. Le docteur Strinovic m'a demandé de ne pas en parler avant que l'on puisse organiser une cérémonie en l'honneur des victimes. A cette époque, je me suis rendue en Israël à un congrès international de pharmacologie. Là-bas, je suis allée à Bethlehem où j'ai vu le lieu de naissance de Jésus. Il y avait un petit autel et j'ai allumé deux bougies: une pour l'homme qui était mon mari et l'autre pour l'homme qui était le père de Tin. A mon retour, j'ai dit à Tin ce que j'avais fait. Je crois pouvoir dire qu'il a compris. Mais cela n'a pas été facile. Cela fait cinq ans que je pleure la mort de mon mari. Maintenant avec Tin, nous pleurons celle de son père.»

Pendant que Levic allumait une cigarette, Herzog soupira et se pencha sur sa chaise. «Je ne sais pas, dit-il d'un ton résigné. Après la chute de Vukovar, j'étais sûr que Goran avait été emmené dans un camp de prisonniers en Serbie. Mais plus tard, quand j'ai appris l'existence des charniers, j'ai réalisé que dorénavant je devais regarder les choses en face. Mais je ne pouvais pas supporter l'idée que mon propre fils, la chair de ma chair, avait été tué à ma place. Parfois, sur l'autoroute, mon esprit commençait à s'égarer. Au point que je ne pouvais plus me concentrer. J'ai réalisé que je devenais dangereux. Après en avoir discuté avec ma femme, j'ai quitté mon travail et, grâce à des aides gouvernementales, j'ai pris un petit appartement à Zagreb. J'avais entendu parler des Mères de Vukovar et des autres associations de familles. Mais je n'ai jamais eu envie de les rejoindre. Je pensais que je devais gérer ma douleur tout seul et comme je le voulais. Je préférais ne pas être constamment entouré de gens qui me rappelleraient mon chagrin. Je vais pêcher dès que je peux. Là, je peux rester seul, avec mes pensées.»

«En fait, j'ai du mal à décrire les différentes émotions et les changements par lesquels je suis passée depuis cinq ans», dit Levic. «C'est impossible. Peut-être que le plus important, c'est de trouver sa propre voie vers une nouvelle vie. Je n'y serais pas arrivée toute seule, j'en suis sûre. Cela m'a aidée d'être avec des gens qui partagaient les mêmes problèmes et qui agissaient pour les mêmes buts. Je resterai avec ces gens jusqu'à la fin. Bien sûr, je veux que la justice soit faite. Si jamais les assassins de mon mari sont un jour jugés à la Haye, je suivrai le procès avec intérêt. Mais je ne pense pas qu'il soit important que Tin et moi nous y assistions. Nous avons digéré maintenant. J'ai l'impression que dorénavant la vie est devant moi.»

Je me tournai vers Herzog et lui demandai: «Est-ce que vous souhaitez retourner à Vukovar?»

«Vukovar c'est Vukovar. C'est mon terminus», répondit-il. «C'est pour ça que je vis et que j'attends. Mais je ne sais pas si je pourrai vivre à nouveau avec les Serbes. Après tout ce qu'ils ont fait, je ne sais pas si je pourrai me sentir sur un pied d'égalité avec eux. Honnêtement je ne sais pas. Le principal c'est que les criminels qui ont tué mon fils soient punis. Ces tueurs doivent souffrir autant que ma femme et moi avons souffert. Je suis désolé mais je ne peux pas penser à eux sans sortir de mes gonds. Si, si, je veux la justice mais je veux aussi que la communauté internationale accepte aussi certaines des accusations. Elle a regardé Vukovar mourir sans rien faire. Absolument rien! Et la même chose à Srebrenica! Vous avez demandé avant s'il y avait quelque chose dans mon expérience que je pourrais partager avec les survivants de Srebrenica. Bon, évidemment, il y a plein de choses. Mais la chose la plus importante que j'aimerais leur dire, c'est que les années d'attente et d'espoir sont les pires. Moi, quand j'ai appris la vérité de la bouche des médecins, je l'ai acceptée avec un chagrin énorme. Le pull que la mère de Goran avait tricoté pour lui, ses papiers, la radio de sa mâchoire, la façon dont une des dents poussait sur une autre – celle qu'il aurait dû faire arracher, mais il refusait toujours de le faire –, tout concordait. Au moins maintenant, mon fils mort est enterré dans un lieu honorable et bien que je sois triste, je suis en paix.»

Pour la première fois depuis le début de l'entretien, Herzog s'arrêta et se tourna vers Levic qui hocha la tête et sourit doucement. «Après avoir parlé avec le docteur Strinovic, dit-elle, j'ai mis du temps à décider si je voulais juste un enterrement privé ou une cérémonie publique. Finalement j'ai décidé que Tin et moi devions assister à une cérémonie publique. Elle a eu lieu le 21 février au crématorium de Zagreb. Il faisait un froid glacial mais il y avait des centaines de personnes et quelques membres des familles ont fait des discours. Quand l'un d'eux a prononcé le nom de Tomislav, j'ai vu que Tin était très fier. Ce soir-là, avant de rentrer dans l'appartement, j'ai sorti un petit sac en plastique que le docteur Strinovic m'avait donné. A l'intérieur, il y avait un trousseau de clefs qu'on avait trouvé dans l'une des poches de Tomislav. Mes mains tremblaient tellement que j'ai failli le faire tomber. J'ai réussi à trouver la bonne clef et je l'ai introduite dans la serrure. J'ai tourné doucement vers la gauche et la porte s'est ouverte.»

Printemps 1996
Vukovar

Le charnier d'Ovcara contenait les restes de deux cents personnes – patients et membres du personnel de l'hôpital – qui, le 20 novembre 1991, avaient été emmenées de l'hôpital municipal par les soldats serbes et exécutées.

225

«Les os sont souvent nos derniers et nos meilleurs témoins. Ils ne mentent jamais et n'oublient jamais.»

CLYDE SNOW

De plus en plus de preuves validaient le témoignage de Marko. Quand les archéologues creusèrent plus en profondeur, ils découvrirent des corps vêtus de blouses et de sabots, un uniforme commun chez le personnel hospitalier européen. Certains des corps

portaient la trace de blessures antérieures : une cuisse
bandée dans de la gaze ou un bras cassé dans un plâtre
et une écharpe. Deux béquilles cassées se trouvaient
au-dessus d'un des corps. Un autre avait un cathéter qui
pendait de son pelvis.

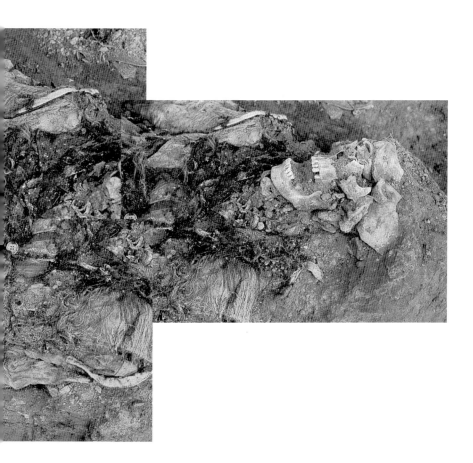

«Vous savez, dit Snow en allumant une autre cigarette, j'ai souvent regretté d'avoir trouvé cette fosse. Mais je l'ai trouvée, et maintenant dans un certain sens, c'est plutôt triste de voir exposé devant nous ce que nous attendons depuis le début. Mais je suis considérablement

impressionné par le travail accompli. Vous avez là une
équipe qui peut apporter à ce genre d'enquête ce qu'elle
mérite vraiment.» Il se tut pour chercher les mots justes.
«Un crime terrible a été commis ici. Et être allé aussi loin
nous oblige à faire en sorte qu'il ne reste pas impuni.»

237

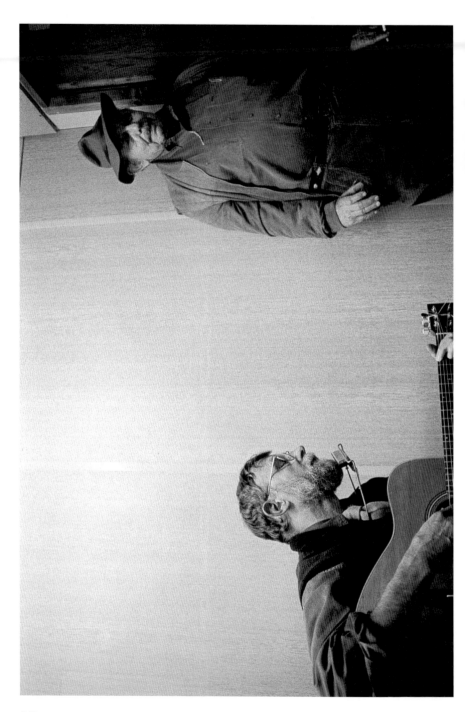

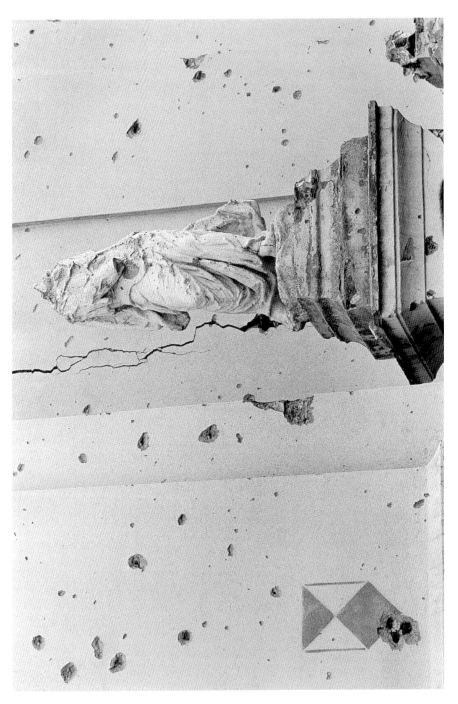

247

Le chef d'équipe parla à voix basse dans le petit magnétophone qu'il tenait dans sa main droite : « Corps 142, adulte de sexe masculin, partiellement décomposé… Bras gauche bandé… Sweat-shirt bleu clair avec des rayures horizontales rouges. Pantalon marron et ceinture noire. » Il s'arrêta et glissa sa main droite dans l'une des poches du pantalon. « Un trousseau de clefs dans la poche droite du pantalon », dit-il dans le magnétophone. Quand il eut fini, ses collègues mirent le corps dans un sac blanc et écrivirent sur l'un des côtés : « Ovcara 142 ». Puis ils remontèrent le corps le long de la rampe et le déposèrent dans le container frigorifique.

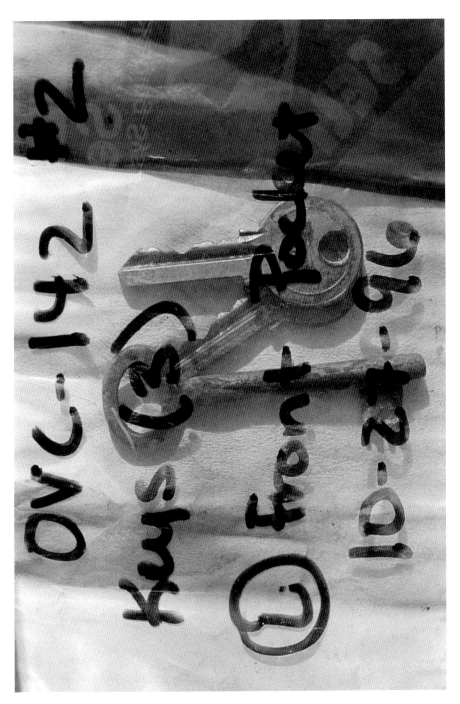

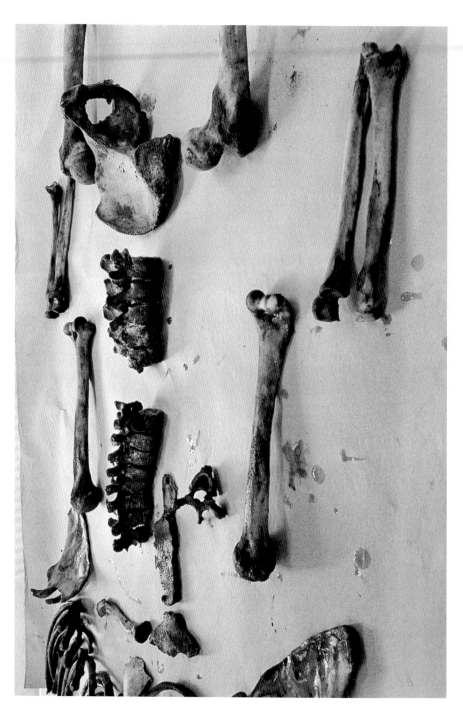

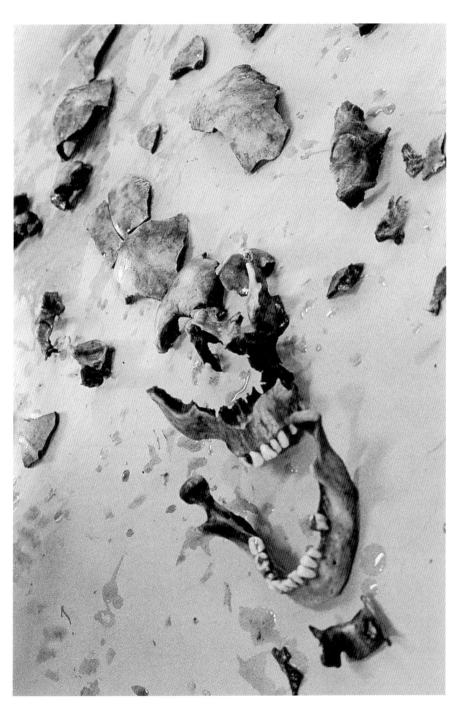

Printemps 1997
Tuzla

«Nous ne croyons pas le CICR. Ils viennent
ici avec un bout de papier qui dit que telle ou
telle personne est morte. Mais qui leur
a donné cette information? Les mêmes qui
ont détruit nos maisons et nos villages et tué
nos maris. Et où sont les preuves? Où est le
corps? Ils n'ont même pas de carte d'identité
ou de vêtement à nous montrer. Si mon
mari est mort, je veux savoir où est son
corps. Et s'il est en vie, je veux savoir où on
l'a emmené.»

REJHA, RÉFUGIÉE DE SREBRENICA

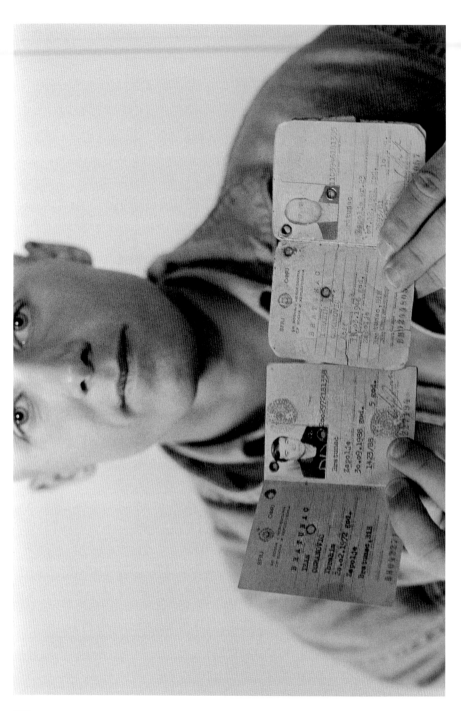

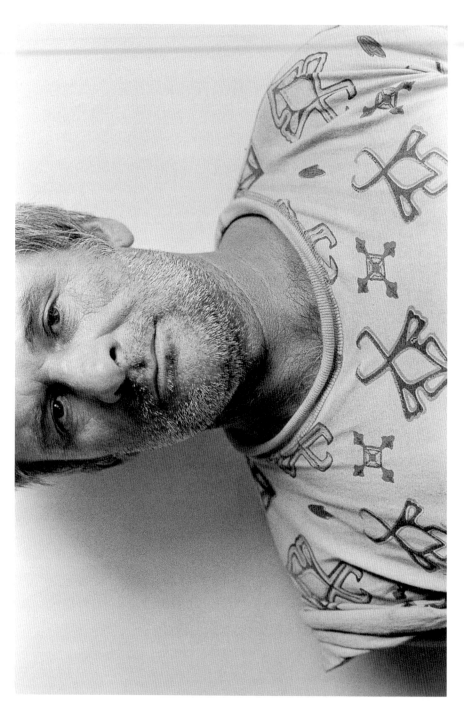

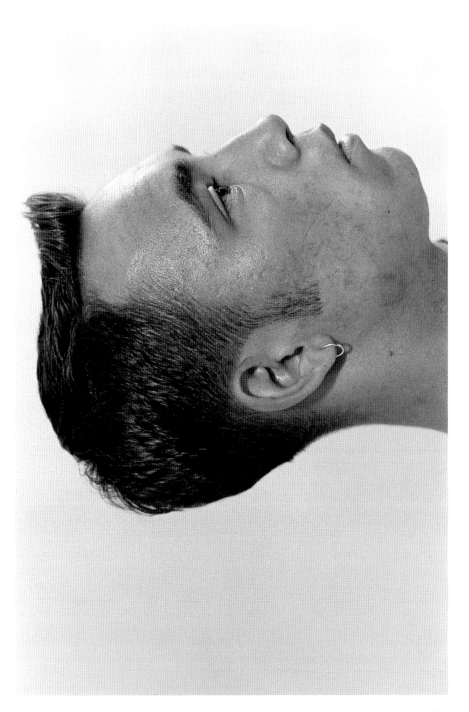

«Avant la guerre, nous étions fermiers. Nous avions une vache, nous avons toujours eu une vache et donc nous avions du beurre et du fromage pour la maison. Et nous avions assez de légumes. Nous avons toujours cultivé ce dont nous avions besoin. Et les champs. Nous avions plus de champs que n'importe qui dans le village. On travaillait dur mais on avait une belle vie. Quand les hommes d'Arkan ont attaqué notre village, ils ont tué notre fils aîné. Mes deux autres fils et mes six petits-enfants ont disparu quelque part sur la route de Tuzla. […] Ils auraient dû me tuer plutôt que les garçons. Regardez-moi. Je suis vieux et plus d'aucune utilité pour personne.»

MEHO, RÉFUGIÉ DE SREBRENICA

«Mon père était juste devant moi. Devant le tank,
il a tourné à gauche comme les autres hommes. Sans
réfléchir, j'ai continué à marcher tout droit, derrière
les femmes et les enfants. Après quelques mètres, une
main a soudain agrippé mon épaule droite. Je me suis
retourné. C'était un soldat serbe, un de mes voisins
de Srebrenica. Il m'a fourré une couverture dans les
bras et m'a fait signe de la mettre sur ma tête. Il m'a
littéralement sauvé la vie.»

AHMED, RÉFUGIÉ DE SREBRENICA

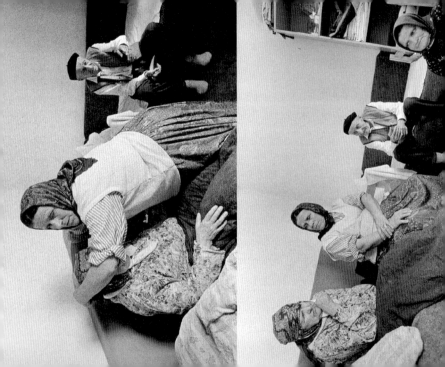

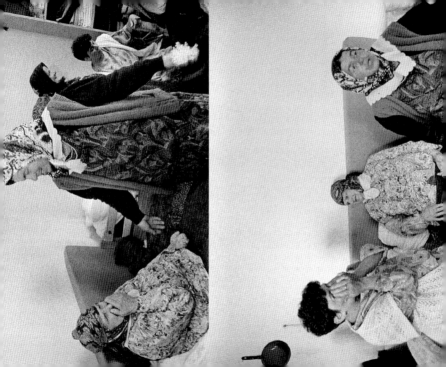

«Ma fille a été emmenée par les soldats serbes à Potocari.
Après ça, elle est devenue très déprimée et a refusé
de parler de cet épisode. Mes plus jeunes enfants me
demandent tous les jours des nouvelles de leur père.
Mon fils parle même à la photo d'Ismet. Mais pas l'aînée.
Tout ce qu'elle veut, c'est oublier.»

REJHA, RÉFUGIÉE DE SREBRENICA

«Je buvais toutes les nuits. Je faisais des cauchemars et je
n'arrivais pas à dormir. Mais, je crois surtout que j'étais
en colère. Je me sentais coupable parce que j'avais réussi
à m'enfuir dans les bois mais pas mon père ni mon frère.

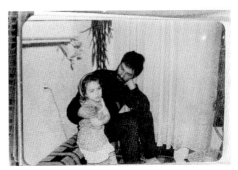

[…] Je rêve toujours beaucoup de mon père. Toujours et toujours le même cauchemar. Je le vois mais lui ne peut pas me voir. Quelquefois quand je l'appelle, il passe devant moi comme si je n'étais pas là. […] Je sais maintenant que je ne pourrai jamais retourner vivre avec les Serbes. […] Si la guerre recommence, je chercherai à me venger, peut-être pas de tous les Serbes, mais à coup sûr de ceux qui ont tué mon père et mon frère. Il y a beaucoup de garçons comme moi, beaucoup, qui voudraient venger la mort de leur père et de leur frère. »

IBRAHIM, RÉFUGIÉ DE SREBRENICA

283

295

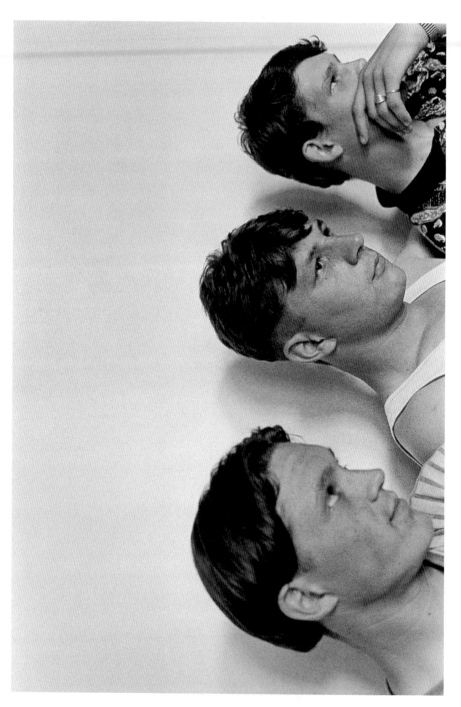

297

Irfanka Pasagic: «Ce qui compte maintenant, c'est le
message que la communauté internationale envoie à ces
garçons et qu'ils transmettront plus tard à leurs enfants.
Si vous dîtes à un enfant ‹Regarde cet homme là-bas a tué
ton père et maintenant il vit dans ta maison›, quel genre
de message faites-vous passer? Mais si vous lui dîtes

‹Cet homme a tué ton père et c'est la raison pour
laquelle il est en prison›, le message est très différent.
Il y a peut-être maintenant très peu de haine et de besoin
de revanche, mais si nous ne trouvons pas le moyen de
punir les responsables de ces crimes, c'est quelque chose
sur lequel il faudra certainement compter dans l'avenir.»

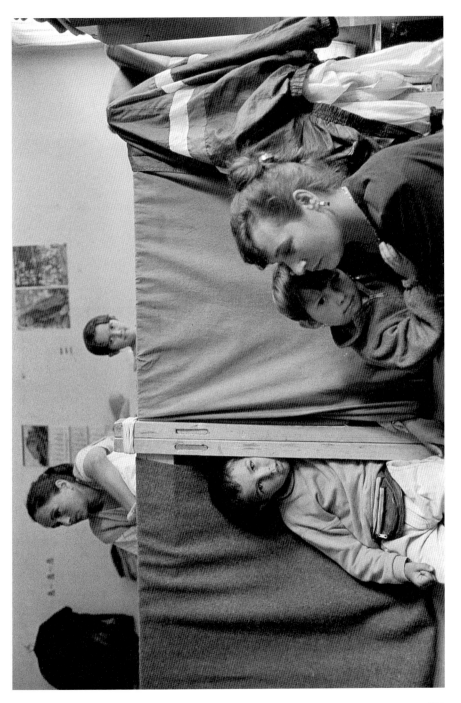

«Pendant les six premiers mois, c'était vraiment très dur», nous dit Kovac. «Il y avait très peu à manger dans la ville et j'étais constamment préoccupée par la sécurité de ma famille. Mais je savais que mes problèmes n'étaient rien comparés à ceux des réfugiés. Je suis devenue de plus en plus obsédée par mon travail au point que je ne réussissais même plus à faire la différence entre ma vie et celle des réfugiés dont je m'occupais. Dès que je me sentais mieux, j'étais aussitôt envahie par un sentiment de culpabilité en sachant que ces femmes et leurs enfants avaient tout perdu et souffraient plus que moi.» Amica s'occupait également des femmes violées. «C'est un problème terrible, expliqua Kovac, qui doit être traité

avec le maximum de compréhension et d'attention. »
Beaucoup de femmes refusaient de parler de leur expérience pour un certain nombre de raisons : traumatisme
grave, sentiment de honte, manque de confiance, peur
de réveiller de mauvais souvenirs et peur des représailles
à leur encontre ou à celle de leur famille. C'est pour
cela que les psychologues d'Amica ne poussaient ni
n'encourageaient les victimes de viol à parler de ce dont
elles avaient souffert. « Les femmes doivent se sentir en
sécurité avant d'aborder de tels sujets », précisa-t-elle.
« Chaque femme doit décider quand elle se sent prête à
parler et elle doit le faire au moment où elle le veut et
de la façon dont elle le veut. »

« Quand j'ai quitté Srebrenica, je n'avais que les vêtements que je port[
A certains moments, j'avais tellement faim que je mangeais d[

ma boite de tabac. J'ai marché sur le sentier pendant quatre jours.
:argots crus. Est-ce que vous vous rendez compte? J'ai dû avaler un

paquet de ces trucs! Mais, je suis arrivé sain et sauf à Tuzla et, p

J'étais content, mais c'était aussi très difficile, parce qu'il n'y avait vraime
dans ce village. Ce n'est pas toujours facile. Nous sommes près d

racle, j'ai retrouvé ma famille dans un centre d'accueil pour réfugiés.

en à faire pour nous là-bas. J'ai réussi à ce que nous soyons relogés ont, et il y a des mines dans les champs, alors il faut faire très attention.

On doit transporter l'eau à la main depuis le fleuve. Et, l'hiver, quand
une bonne terre. Ma femme et mon fils sont avec moi. Je viens mêm

ge s'entasse, la route est impraticable. Mais nous avons une maison et
cheter une vache. Ici, au moins, on peut garder notre dignité.

Epilogue

« Les crimes sont commis par des personnes. Ils ne sont pas commis par des entités abstraites comme les nationalités. Les victimes ne sont pas des abstractions, même si elles sont perçues comme telles quand leur nombre se compte en milliers. »

Louise Arbour, procureur général du tribunal international de la Haye sur l'ex-Yougoslavie.

Dans les vallées et le long des routes de campagne qui relient les villages aux tuiles rouges de l'ex-Yougoslavie, on trouve des dizaines – peut-être des centaines – de charniers. Ils contiennent les restes anonymes de plusieurs générations d'hommes, femmes et enfants

exécutés de sang froid uniquement en raison de leur appartenance ethnique. La plupart des fosses, comme celles que les enquêteurs de l'ONU ont trouvées sur la ferme d'Ovcara et sur les collines autour de Srebrenica, furent creusées pendant les dernières guerres en Croatie et en Bosnie. D'autres remontent à la Seconde guerre mondiale quand les Oustachis pro-nazis à majorité croate massacrèrent des dizaines de milliers de Serbes et de Juifs. D'autres, par contre, sont l'œuvre des Tchetniks de Serbie, des royalistes antinazis qui, dans l'ardeur qu'ils mirent à la même époque à rétablir le royaume de Yougoslavie sous dominance serbe, assassinèrent des Croates et des Musulmans.

Après la Seconde guerre mondiale, une paix – fragile et troublée – retomba sur les Balkans. Mais c'était une paix trompeuse. Les leaders oustachis et tchetniks qui avaient ordonné le meurtre de grandes quantités de civils ne furent jamais inquiétés pour ces crimes. Il n'y eut pas de « commission pour la vérité » ou de spectacles dans les salles d'audience où les nationalistes, privés de

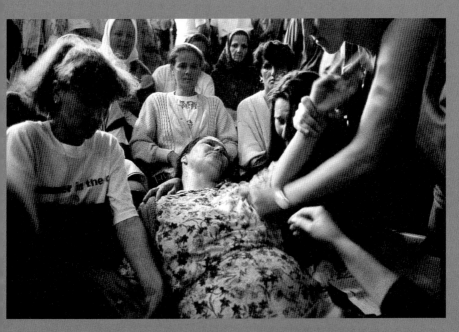

leurs armes et de leur uniforme, se seraient retrouvés face à face avec leurs accusateurs. «Accepter le passé» n'était pas de rigueur. Les assassins, comme les morts, restèrent anonymes. Et l'anonymat engendra très vite la dénégation. Il se passa même très peu de temps avant que de nouveaux leaders nationalistes tels que le Serbe Slobodan Milosevic ou le Croate Franjo Tudjman ne commencent à invoquer le souvenir des morts dans leurs appels à la vengeance.

Pendant ce temps, on avait tout mis en œuvre pour empêcher l'Allemagne de nier l'Holocauste. Avant même l'effondrement du IIIe Reich, les armées alliées victorieuses révoltées par ce qu'elles avaient découvert dans les camps de la mort, avaient rassemblé des Nazis et les autorités politiques locales et les avaient fait défiler devant les piles de corps et les crématoriums. Des équipes de cinéma alliées montrèrent des prisonniers de guerre nazis forcés de ramasser les morts et de les enterrer. Mais, les Alliés créèrent, et ce fut plus important que tout, un tribunal militaire international, qui se réunit à Nuremberg le 14 novembre 1945 pour juger des nazis accusés de crimes de guerre. C'est à Nuremberg qu'apparut pour la première fois la notion de «crime contre l'humanité» et qu'il fut établi que de tels crimes, de par leur nature, offensaient l'humanité elle-même. En réalité, une personne qui commettait des crimes contre l'humanité était, comme l'avaient été avant elle les pirates ou les marchands d'esclaves, un *hostis humani generis*, un ennemi du genre humain – que tout état était habilité à juger.

Pendant presque un an, les salles d'audience de Nuremberg résonnèrent des récits de souffrance et de désespoir de millions de gens. Des dizaines de témoins à charge furent obligés de décrire des atrocités pendant que des procureurs rassemblaient des preuves afin d'étayer leurs récits. Sur les vingt-deux dignitaires nazis qui furent jugés, trois furent acquittés, sept eurent des peines de prison allant de dix ans à la perpétuité et douze furent condamnés à la pendaison. Le principal intérêt des procès de Nuremberg et des procès des crimes de guerre strictement allemands des années soixante résida dans le fait qu'on arrêta de considérer l'ensemble des Allemands coupable des crimes de guerre pour affirmer que seuls les leaders nazis et les SS en étaient responsables.

Mais l'Allemagne ne se réconcilia pas avec son passé uniquement par le biais des procès de crimes de guerre. Après les années cinquante, période pendant laquelle les autorités allemandes évitaient tout discours sur les crimes ou les horreurs du nazisme, les universitaires allemands et les journalistes commencèrent à fouiller pour de bon dans le passé nazi. Des centaines de livres, d'articles de presse et de pièces de théâtre sur l'Holocauste furent publiés. D'innombrables Allemands, surtout des jeunes, visitèrent les camps de concentration. Des films comme *Hitler A Career* (1977), *Heimat* (1984) et dix ans plus tard, bien qu'ils connurent moins de succès, *Die Zweite Heimat* (1992) et *Stalingrad* (1992), aussi bien que *La Liste de Schindler* (1993), firent partie du discours public sur le passé. La série télévisée *Holocauste* qui passa aux Etats-Unis en 1978 et en Allemagne de l'Ouest et dans beaucoup d'autres pays l'année suivante, fut vue par plus de vingt millions d'Allemands. Après chaque épisode, des milliers de téléspectateurs téléphonaient à la chaîne pour raconter leurs expériences. Ces traitements pédagogiques ajoutés au procès de membres des *Einsatzgruppen* (les bandes meurtrières SS) de la petite ville d'Ulm en 1958 et le procès d'Auschwitz qui s'était déroulé à Francfort en 1964 aidèrent l'Allemagne à se dégager de son passé nazi en la forçant à faire face aux crimes de ses leaders et à les reconnaître.

Cinquante ans après Nuremberg, le Tribunal criminel international pour l'ex-Yougoslavie de la Haye avait inculpé publiquement en janvier 1998 soixante-dix-neuf personnes et lancé un nombre inconnu d'inculpations gardées secrètes. Deux suspects – Drazen Erdemovic et Dusko Tadic – furent déclarés coupables et condamnés, et vingt autres, pour la plupart croates et musulmans, attendent d'être jugés. Cinquante-trois autres accusés, presque tous serbes, n'ont toujours pas été arrêtés.

Parmi ceux qui ont été placés en détention préventive par le tribunal, se trouve le maire de Vukovar, Slavko Dokmanovic, qui, avec trois officiers de l'ex Armée populaire de Yougoslavie (la APY) – Mile Mrksic, Mirsolav Radic et Veselin Sljivancanin –, est accusé de « tueries collectives… d'environ deux cents Croates et autres personnes non serbes qui avaient été emmenées de l'hôpital de Vukovar, le 20 novembre 1991 ».

Contrairement à Dokmanovic, les trois autres accusés sont toujours en liberté et vivent sous la protection de Milosevic en Serbie et au Monténégro. Après la chute de Vukovar, le colonel Mile Mrksic, qui avait avait été à la tête de la brigade de la APY qui avait pris la ville, fut élevé au rang de général et devint plus tard officier en chef de l'armée de la « République de Krajina ». Quand la Krajina tomba aux mains de l'armée croate en août 1995, Mrksic revint en Serbie. Radic, capitaine dans la APY, quitta l'armée et monta une petite affaire au sud de Belgrade. Veselin Sljivancanin, major dans la APY pendant le siège de Vukovar, fut promu colonel et envoyé à Podgorica dans le Monténégro pour commander une brigade.

Dokmanovic fut le premier homme suspecté de crimes de guerre à être arrêté en ex-Yougoslavie. Alors que les commandants de l'OTAN en Bosnie n'avaient pas reçu les pleins pouvoirs pour arrêter les suspects de crimes de guerre, Jacques Klein, le chef de l'Administration de transition en Slavonie de l'Est, à Vukovar, était toujours resté ouvert à la possibilité d'utiliser ses forces de police de l'ONU pour mettre la main sur eux. Pendant l'été et l'automne 1996, Klein avait montré un certain intérêt à l'excavation du charnier de la ferme d'Ovcara. Il avait fourni au tribunal de police et aux enquêteurs légistes du matériel et de l'aide logistique et posté des soldats jordaniens de l'ONU pour garder la fosse. Plus les preuves s'accumulaient, plus Klein était enclin à faire des arrestations. Avec Arbour, ils échafaudèrent un plan pour arrêter Dokmanovic.

L'avocat de Dokmanovic, Toma Fila, déclara que son client avait été « kidnappé » et arrêté « par ruse ». Selon Fila, juste avant son arrestation le 27 juin 1997, Dokmanovic avait reçu un coup de téléphone de quelqu'un qui disait être le secrétaire de Jacques Klein et qui lui proposait de parler de « problèmes de propriété » concernant les Serbes en Slavonie de l'Est. Ils fixèrent un rendez-vous sur le pont qui enjambe le Danube à la frontière entre la Croatie à la Serbie. L'homme qui attendait Dokmanovic sur le pont se présenta immédiatement comme enquêteur du tribunal et lui dit qu'il voulait parler des événements de Vukovar de 1991. Dokmanovic monta dans la voiture de l'enquêteur qui quitta rapidement la route principale et s'arrêta. Vingt soldats armés et masqués attendaient là. On mit une cagoule sur la tête de Dokmanovic et on roula pendant environ encore une heure jusqu'à un aéroport. On le fit monter à bord d'un petit avion où, après lui avoir retiré sa cagoule, l'enquêteur lui dit pourquoi il avait été arrêté et l'informa sur ses droits.

Le procureur général Arbour répondit plus tard à l'accusation de Fila en déclarant: «Il n'y a rien de rusé à arrêter des gens sans les prévenir à l'avance. C'est ainsi que les forces de police opèrent partout dans le monde.»

Pendant l'été et l'automne 1997, une commission rassemblée par le Bureau de l'accusation du tribunal de la Haye, comprenant des anatomo-pathologistes et des anthropologues spécialisés en médecine légale, examina les méthodes scientifiques et les procédures utilisées pendant les enquêtes en Bosnie et en Croatie un an auparavant. La commission fera connaître ses conclusions à l'accusation et à la défense avant la fin du procès de Slavko Dokmanovic qui a commencé le 19 janvier 1998. A moins que des problèmes relatifs aux preuves médico-légales se présentent, les deux cents patients et membres du personnel qui furent descendus à la ferme d'Ovcara il y a six ans devraient enfin voir leur cas examiné par le tribunal.

En janvier 1998, deux ans et demi après la chute de Srebrenica, parmi les hommes accusés d'être responsables des massacres perpétrés le long du Sentier de la Vie et de la Mort, un seul était en prison préventive à la Haye. En juin 1996, en de larmoyantes confessions devant le tribunal, Drazen Erdemovic plaida coupable de crimes contre l'humanité pour son rôle lors de l'exécution des dizaines de Musulmans à la ferme de Pilica cinq jours après la chute de Srebrenica. Puis on lui demanda lors des auditions s'il fallait lancer des mandats d'arrêt internationaux contre le président serbe d'alors Karadzic et le général Mladic. Il dit que les ordres étaient venus directement des hautes sphères de l'armée bosno-serbe. Le tribunal de la Haye condamna en novembre 1996 Erdemovic pour le meurtre de soixante-dix personnes à dix ans de prison avec la possibilité d'être relâché pour bonne conduite. Son cas est maintenant jugé en appel.

Malgré la présence de trente cinq mille soldats de l'OTAN très bien armés en Bosnie, seuls quatre criminels de guerre suspects avaient été arrêtés en janvier 1998. Les deux hommes qui portaient la majeure partie de la responsabilité du génocide en Bosnie et des tueries collectives après la chute de Srebrenica – Radovan Karadzic et Ratko Mladic – sont toujours en liberté.

Karadzic, qui nie absolument que des exécutions aient eu lieu après la chute de Srebrenica, déclara au *Times* le 12 février 1996 : «A propos de ces soi-disant massacres de Musulmans à Srebrenica, il n'a été donné aucun ordre de les tuer. Personne sous mon commandement n'oserait tuer ceux qui sont arrêtés ou capturés en tant que prisonniers de guerre. Je m'occupe de tout cela de très près. Tout ce qui concerne la République serbe est sous mon contrôle.» Karadzic fut obligé de quitter la présidence de la Republika Srpska en juillet 1996 devant l'importance des pressions internationales. Depuis, il exerce un monopole sur la vente d'essence, de cigarettes et d'autres marchandises dans les territoires de Bosnie sous contrôle serbe qui lui rapporte des millions de dollars et prive le gouvernement du revenu des taxes.

Ratko Mladic, comme son ancien chef, se déplace librement à travers le territoire serbe et passe même ses vacances dans une station balnéaire du Monténégro. Bien qu'il ait quitté ses fonctions de commandant de l'armée bosno-serbe en novembre 1996, il continue toujours à la contrôler officieusement. Il est perçu comme un héros et un très grand militaire par beaucoup de Bosno-serbes. Il vit avec sa femme à l'intérieur du quartier général de l'armée bosno-serbe près de Han Pijesak et passe, dit-on, ses journées à s'occuper d'un petit troupeau de chèvres. Selon l'Associated Press, le général à la retraite a donné à ses chèvres le nom d'anciens commandants de l'ONU en Bosnie et de chefs d'état occidentaux.

Pendant les mois qui suivirent les exhumations de Vukovar et de Srebrenica, William Haglund, Clyde Snow et l'anatomo-pathologiste en médecine légale Robert Kirschner suivirent des trajectoires différentes. Snow, accompagné de plusieurs membres de l'Equipe argentine de recherche en médecine légale, se rendit au Congo pour rejoindre une équipe de l'ONU qui enquêtait sur des massacres de réfugiés hutus commis apparemment par les forces rebelles du président Laurent Kabila pendant les cinq premiers mois de 1997. Kabila bloqua à plusieurs reprises l'accès des sites et les enquêteurs de l'ONU, après avoir essuyé des attaques d'habitants de la région près de l'un des sites, furent obligés de repartir à la mi-décembre. Fin 1996, Haglund quitta l'ex-Yougoslavie et réintégra son poste au sein du Tribunal criminel pour le Rwanda à Arusha en Tanzanie. En décembre 1997, il mena deux enquêtes de médecine légale pour le compte du Département d'état américain et des Nations unies. Kirschner, quant à lui, retourna à Chicago où il continue de diriger le programme international de médecine légale des «Physicians for Human Rights» et d'enseigner à l'université.

Pendant ce temps, que sont devenues les familles des hommes tués à la ferme d'Ovcara et le long du «Sentier de la Vie et de la Mort»?

En janvier 1998, la Slavonie de l'Est, dernière enclave tenue par les Serbes en Croatie, fut remise au gouvernement croate par les autorités de l'ONU. Les soldats de l'ONU étaient présents dans l'enclave, dans laquelle se trouvait Vukovar, depuis début 1992. Les Croates qui ont fui la région en 1991 sont en train de revenir. Parmi eux, il y a des parents des victimes d'Ovcara qui ont décidé d'élever un monument à leur mémoire à Vukovar ou près du site où les hommes ont été tués.

En Bosnie, le Comité international de la croix rouge a mis fin à son programme d'« attestations de décès » à l'automne 1997. Laurie Vollen et son équipe d'enquêteurs bosniaques continue de recueillir des informations antemortem auprès des parents des disparus de Srebrenica, même s'il est probable qu'on ne pourra identifier qu'un faible pourcentage de corps. La vie est toujours sinistre pour les réfugiés des centres d'accueil et des colonies. Ils ont l'impression, et on peut les comprendre, d'avoir été trahis par les Nations unies, qui, malgré leurs engagements et les innombrables résolutions du Conseil de sécurité, n'ont pas réussi à empêcher l'armée bosno-serbe de s'emparer de Srebrenica.

L'atrocité sans nom des meurtres et des destructions et leur ampleur pendant la guerre en ex-Yougoslavie rendait difficilement imaginable toute idée de réconciliation. Mais il y a quelques lueurs d'espoir. Des familles de disparus ont commencé à se rencontrer afin de trouver un terrain d'entente sur certains points tels que la récolte et la diffusion des informations sur les disparus. Dans une remarquable attitude d'expiation, cinq femmes musulmanes qui ont perdu leur mari ou leur fils à Srebrenica se rendirent à la Haye en septembre 1997 afin de rencontrer sept des trois cents soldats hollandais qui se trouvaient dans l'enclave au moment de sa chute. Pour le gouvernement hollandais, humilié par le fait qu'on accusait ses troupes de ne pas avoir rempli leur mission de protection de la ville contre les Serbes, cette rencontre très intense de trois heures était une chance de montrer au reste du monde qu'ils étaient vraiment préoccupés par le sort des réfugiés. Pour les femmes, le but était simple : découvrir ce que les Hollandais savaient sur les disparus, si jamais ils savaient quelque chose, et essayer de déterminer ce qu'ils auraient pu faire pour éviter le carnage.

Pendant la rencontre, organisée par le Ministère de la défense dans des baraquements militaires, les femmes cuisinèrent les soldats pour obtenir des informations sur leurs maris et fils disparus. Mais les soldats furent incapables de leur fournir de nouvelles pistes et ce ne fut qu'une frustration de plus pour les femmes. A une conférence de presse, à laquelle les Hollandais ne participèrent pas, une des femmes, Hatidja Hren, dit aux journalistes que bien qu'elle et les autres femmes étaient toujours stupéfaites de la façon dont les soldats hollandais avaient mené leur mission, elles avaient dorénavant une meilleure idée des personnes à qui il fallait le reprocher.

«Aujourd'hui, ils nous ont dit qu'ils n'avaient pas les moyens de nous protéger», déclara Hren. «Nous avons également l'impression qu'eux aussi sont en partie victimes – victimes d'hommes politiques plus haut placés.»

Puis Hren expliqua que les femmes étaient très réconfortées par ces rencontres. «Je n'arrive toujours pas à dormir normalement à cause de ce qui s'est passé, dit-elle, mais, aujourd'hui, j'ai réalisé qu'eux aussi ne dormaient pas toujours la nuit.»

Dans leur quête de vérité, les femmes avaient mis le doigt sur un des problèmes d'ordre moral les plus fondamentaux qui était resté irrésolu depuis la fin de la guerre en Bosnie plus de deux ans auparavant : l'ONU et les gouvernements avaient-ils eu raison de s'opposer au nettoyage ethnique et d'instituer des «zones de sécurité» en Bosnie s'ils ne voulaient pas mettre en jeu la vie de leurs soldats de la paix pour protéger les populations de ces zones? Tant que l'ONU et les gouvernements qui ont soutenu les résolutions concernant les zones de sécurité n'aborderont pas ce problème de façon constructive, leur autorité morale restera ternie.

«La grande vertu des procès est que leurs systèmes fondés sur les preuves apportent une légitimité à des faits qui autrement pourraient être contestés», écrit l'historien Michael Ignatieff. «Dans ce sens, grâce aux procès de crimes de guerre, les individus peuvent difficilement se réfugier derrière la dénégation.»

Mais le processus de digestion du passé et de réconciliation avec la douleur est beaucoup plus compliqué que la simple distinction entre vérité et mensonge. Aussi importants soient-ils, les procès de la Haye ont lieu à des milliers de kilomètres des champs de la mort de Bosnie et de Croatie. L'ex-Yougoslavie a surtout un besoin urgent de société civile et d'institutions démocratiques qui puissent la sortir du bourbier des distorsions, mythes et mensonges et des dénis. Ces procès peuvent soutenir ce processus, mais pour qu'une paix durable règne dans les Balkans, les prochaines générations doivent comprendre, selon les mots d'Ignatieff, «la nullité drastique de toute lutte qui se termine par le meurtre et la futilité évidente qui consiste à se venger du passé dans le présent.»

Comprendre n'est pas pardonner ni oublier: c'est accepter les choses telles qu'elles sont. Ce n'est pas à nous de pardonner à ceux qui ont massacré les hommes et les garçons de Srebrenica et Vukovar. Seules les victimes ont le droit de pardonner. Il n'est pas

non plus envisageable d'oublier car ce serait déshonorer les morts et leur mémoire. La vérité la plus dérangeante réside dans le fait que nous sommes maintenant à la fin du siècle du «plus jamais ça» et que pourtant le génocide est toujours d'actualité. Le cauchemar de la Bosnie – comme celui du Rwanda – n'est pas seulement le sien et, tant que nous n'accepterons pas l'impératif catégorique selon lequel il faut agir rapidement pour arrêter le génocide et les crimes contre l'Humanité et pour punir les responsables, cela recommencera.

Bibliographie

Allen, Beverly, *Rape Warfare: The Hidden Genocide in Bosnia-Herzegovina and Croatia*, Minneapolis, University of Minnesota, 1996

Arendt, Hannah, *Eichmann à Jérusalem*, Paris, Gallimard, 1991

Andreopoulos, George J. (éd.), *Genocide: Conceptual and Historical Dimensions*, Philadelphie, University of Pennsylvania Press, 1994

Ariès, Philippe, *Essais sur l'histoire de la mort en Occident*, Paris, Le Seuil, 1977

Barley, Nigel, *Grave Matters: A Lively History of Death Around the World*, New York, Henry Holt and Company, 1995

Binder, David, « Pariah as Patriot: Ratko Mladic », *New York Times Magazine*, 4 septembre 1994, pp. 26–29

Brand, Joel, « Life and Death in the Camps », *Newsweek*, 17 août, 1992, pp. 13–14

Chapin, H.D., « Are Institutions for Infants Necessary? », *Journal of the American Medical Association*, 1915;64:1–3

Dahl, S. et Schei, B. (éds.), « The Burden Left My Heart: Experiences from a Group Psychotherapy Project Among Displaced Women in a War Zone », Women's Project, Norwegian People's Aid, Tuzla, Bosnie-Herzégovine, 1995

Dybdahl, Ragnhild, « Traumatic Experiences and Psychosocial Reactions Among Women in Bosnia, 1994–1995 », Psychosocial Documentation and Evaluation Centre, Tuzla, Bosnie-Herzégovine, 1996

Frank D.A., Klass P.E., Earls F., Eisenberg L., « Infants and Young Children in Orphanages: One View from Pediatrics and Child Psychiatry », *Pediatrics*, 1996;97:569–578

Kearl, Michael C., *Endings: A Sociology of Death and Dying*, Oxford, Oxford University Press, 1989

Ferkovic, V., N. Kovac, R. Radic, S. Kapidzic, « Psychosocial Support to the Women in the ‹Amica› Project from 1994 to 1996 », Psychological Documentation and Evaluation Centre, Tuzla, Bosnie-Herzégovine, 1996

Gow, James, *Triumph of the Lack of Will: International Diplomacy and the Yugoslav War*, New York, Columbia University Press, 1997

Gutman, Roy, *Bosnie, témoin du génocide*, Paris, Desclée de Brouwer, 1994

Hall, Brian, *The Impossible Country: A Journey through the Last Days of Yugoslavia*, Londres, Penguin Books, 1994

Hedges, Chris, « U.S. Aide Sees Signs of Killing in Bosnia Field », *New York Times*, 22 janvier 1996, p. 1

Helsinki Human Rights Committee in Serbia, *The Shattering of the Soul*, Belgrade, 1997

Honig, Jan Willem et Norbert Both, *Srebrenica: Record of A War Crime*, Londres, Penguin Books, 1996

Human Rights Watch et Physicians for Human Rights, *Landmines: A Deadly Legacy*, New York, Human Rights Watch, 1993

Ignatieff, Michael, « Unarmed Warriors », *The New Yorker*, 24 mars 1997, pp. 54–71

Ignatieff, Michael, « Articles of Faith », *Index on Censorship*, 5, 1996, pp. 110–122

Joyce, Christopher et Eric Stover, *Witnesses from the Grave: The Stories Bones Tell*, Boston, Little, Brown, Inc., 1991

Kleber, Rolf J., Charles R. Figley et Berthold P.R. Gersons (éds.), *Beyond Trauma: Cultural and Societal Dynamics*, New York, Plenum Press, 1995

Langer, Lawrence L., *Holocaust Testimonies: The Ruins of Memory*, New Haven, Yale University Press, 1991

Maass, Peter, *Love Thy Neighbor: A Story of War*, New York, Alfred A. Knopf Inc., 1996

Mertus, Julie, Jasmina Tesanovic, Habiba Metikos et Rada Boric (éds.), *The Suitcase: Refugee Voices from Bosnia and Croatia*, Berkeley, University of California Press, 1997

Owen, Margaret, *A World of Widows*, Londres, Zed Books, 1996

Pinsky, Robert (trad.), *The Inferno of Dante*, New York, Farrar, Straus and Giroux, 1994

« Proceedings of the Conference on the Care of Dependent Children (1909) », *Proceedings of the National Conference on the Care of Children, 1895–1915*, New York, Arno, 1971:6

Rieff, David, *Slaughterhouse: Bosnia and the Failure of the West*, New York, Simon & Schuster Inc., 1995

Rohde, David, *Le Grand Massacre: Srebrenica, juillet 1995*, Paris, Plon, 1998

Rutter, M. et Garmezy, N., «Developmental Psychopathology» in P.H. Mussen (éd.), *Handbook of Child Psychology: Volume 4. Socialization, Personality, and Social Development*, New York, Wiley, 1983

Saltz, R., «Effect of Part-Time ‹Mothering› on IQ and SQ of Young Institutionalized Children», *Child Development*, 1973;17:80–90

Sells, Michael A., *The Bridge Betrayed: Religion and Genocide in Bosnia*, Berkeley, University of California Press, 1996

Stover, Eric et Richard P. Claude, *Medicine Under Siege in the Former Yugoslavia: 1991–1995*, Boston, Physicians for Human Rights, 1996

Tanner, Marcus, *Croatia: A Nation Forged in War*, New Haven, Yale University Press, 1997

Tizard B. et Hodges J., «The Effect of Early Institutional Rearing on the Development of Eight-Year-Old Children», *Journal of Child Psychology and Psychiatry*, 1978;19:99–118

Tizard B. et Hodges J., «IQ and Behavioral Adjustment of Ex-Institutionalized Adolescents», *Journal of Child Psychology and Psychiatry*, 1989;30:53–75

Weinstein, Harvey, *Psychosocial Aspects of the Antemortem Database Project: A Report to Physicians for Human Rights*, 10 mars 1997

Weschler, Lawrence, «Inventing Peace», *The New Yorker*, 20 novembre 1995, pp. 56–64

Yerushalmi, Yosef H., *Zakhor: histoire juive et mémoire juive*, Paris, Gallimard, 1991

Remerciements:

Les financements proviennent de:

la Sandler Family Supporting Foundation à travers ses dons généreux au Human Rights Center de la University of California à Berkeley.

l'Open Society Institute pour le travail photographique et éditorial.

le Parc de la Villette à Paris pour l'exposition.

Nous sommes profondément reconnaissants à: Aryeh Neier de l'Open Society Institute qui a toujours mesuré l'importance du projet et nous a encouragés à le mener à son terme.

Herbert et Marion O. Sandler qui ont cru au projet et nous ont soutenus moralement pendant notre travail sur le terrain en Bosnie et en Croatie.

Bernard Latarjet du Parc de la Villette qui a rendu l'exposition possible.

Le Smithsonian Magazine et Ed Rich qui nous ont apporté leur aide pour recueillir des documents et des témoignages supplémentaires.

l'AGFA Division de la Bayer Corporation, Peter Broderick et Eelko Wolf pour leur soutien sans failles.

Nous voudrions remercier plusieurs amis et collègues qui ont donné leur point de vue à diverses étapes de la conception du livre:

Andrew Thomson, Pamela Blotner, Harvey Weinstein, Sheila Berry, Richard Goldstone, Carol Kismaric, Thomas Crane et David Rohde.

Nombreux sont ceux qui en ex-Yougoslavie ont soutenu le projet, en particulier Laurie Vollen des Physicians for Human Rights à Tuzla ainsi que nos traducteurs et guides, Jadranka Dejanovic, Aljosa Jakupovic et Igor Begovic. A notre retour aux Etats-Unis, Richard Buxbaum et Kay Hartshorn ont généreusement mis à notre disposition un havre de paix pour écrire – avec son couple de faucons à queue rouge et sa compagnie de cailles de Californie — au moment où nous en avions le plus besoin.

Nous remercions nos familles :

Jacqueline Escolar, Nicolas Peress-Escolar et Pamela Blotner, pour leur patience et leur soutien lors de nos longues absences et pendant la création du livre.

Pamela Blotner a dressé la carte de la chute de Srebrenica et de ses environs.

Nous devons beaucoup au livre de David Rohde, *Le Grand Massacre : Srebrenica, juillet 1995*, pour certains aspects de l'histoire du siège de Srebrenica, mais nous sommes, il va sans dire, entièrement responsables de notre livre.

Nous voulons également exprimer toute notre gratitude à ceux qui ont donné beaucoup d'eux-mêmes sur ce projet :

A Scalo : Walter Keller, notre éditeur, qui a pris le risque pour des raisons d'ordre moral et Therese Abbt qui a beaucoup travaillé à la promotion du livre.

Au Human Rights Center de Berkeley : Molly Ryan pour ses recherches et ses relectures.

Au studio de Gilles Peress : Lisa Usdan, pour l'organisation du projet et la coordination de l'exposition ; Jeff Lass pour le développement des films et les tirage argentiques ; Cate Fallon pour les scans numériques et la mise en page assistée par ordinateur.

A l'agence Magnum : Agnès Sire et François Hebel à Paris pour l'organisation de l'exposition ainsi que Chris Boot et son équipe à New York.

Nous tenons également à remercier Senada Kreso à Sarajevo pour sa traduction du texte en bosniaque et Jonathan Cobb, responsable éditorial.

Nos remerciements les plus chaleureux vont enfin aux parents des disparus de Bosnie et de Croatie pour leur courage et la volonté qu'ils ont eue de partager leur expérience avec nous. Ce livre leur est dédié ainsi qu'à la mémoire des victimes.